REFLEXIONS
PHILOSOPHIQUES

SUR

L'IMMORTALITE

DE L'AME RAISONNABLE.

AVEC

QUELQUES REMARQUES

Sur une LETTRE

*Dans laquelle on soutient que la
Matière pense.*

TRADUIT DE L'ALLEMAND.

A AMSTERDAM ET A LEIPZIG,
Chez ARKSTEE & MERKUS.
MDCCXLIV.

A

SON EXCELLENCE,

MONSIEUR

LE COMTE

DE PODEWILS,

MINISTRE D'ETAT DE S. M.
LE ROI DE PRUSSE, CHE-
VALIER DE L'ORDRE DE
L'AIGLE NOIRE, &c. &c. &c.

Monseigneur,

Je craindrois d'interrompre
mal à propos VOTRE EX-
CELLENCE, au milieu des

* 2   gran-

grandes occupations qui font
confiées à fon Miniftère, s'il
s'agiffoit de lui offrir un Ouvrage moins digne de fon attention. Mais, & la matière de ce
Livre, & fon Auteur, font affez
l'apologie de la liberté que je
prens. La matière eft la plus
intéreffante, dont l'Efprit humain puiffe s'occuper. Rien ne
fauroit être plus doux pour un
homme raifonnable, que de fe
pénétrer de la conviction d'une
glorieufe immortalité, qui fait
notre plus belle prérogative,
& qui nous diftingue fi avan-
tageufement du refte des Créatures, dont Dieu a peuplé ce
Globe. Tous ceux qui travail-
lent à mettre en évidence cette
im-

importante vérité, ſont auſſi
dignes de l'eſtime & de l'affection publique, que ceux qui
cherchent à la détruire, le ſont
du mépris, de l'horreur même
du Genre-humain.

Le digne Auteur de l'Ou-
vrage dont j'offre la Traduction à VOTRE EXCELLEN-
CE, a fait paroître ſon zèle
pour le Bien public dans le
choix du ſujet, & ſes talens pour
la défenſe de la Vérité dans
la manière dont il l'a traitée. Il
a conſacré ſes derniers efforts
à l'établiſſement d'un Dogme,
dont il connoit préſentement
à plein & par ſa propre expérience toute la certitude. C'eſt,
pour ainſi dire, le chant mélo-

dieux

dieux du Cigne, qui a précédé
fa fin ; & la mort, en nous en-
levant ce Grand-Homme, nous
auroit caufé une perte entièrement irréparable, s'il ne vivoit
encore dans fes Ecrits, s'il n'y
avoit peint fa candeur, fa mo-
deftie, fon zèle & fa charité ;
comme il y a déployé la force
de fon génie, & l'étendue de
fes connoiffances. Je n'ai pas
befoin de rappeller à V o t r e
E x c e l l e n c e toutes les pré-
cieufes qualités de l'efprit & du
cœur, dont ce refpectable Ec-
cléfiaftique étoit doué. Je fai
que V o t r e E x c e l l e n c e
en a fait pendant fa vie tout le
cas qu'il méritoit, & je ne doute pas qu'elle ne conferve les
fen-

sentimens dus à sa mémoire.

Sous les auspices donc de cet illustre Défunt, j'ose me flater que VOTRE EXCELLENCE agréera cette Traduction, & les motifs qui m'ont engagé à la lui présenter. Je ne m'en suis proposé d'autres, que de rendre un hommage public aux lumières & aux vertus de VOTRE EXCELLENCE. Elles sont au-dessus de mes louanges, & sans m'ériger ici en Panégyriste, je laisse à la voix de toute l'Europe le soin de continuer cet Eloge universel, le plus flateur de tous, le seul non suspect, parce qu'il est desintéressé, le seul qui ait droit de passer à la Postérité. Pour moi, content de demander

mander

E P I T R E.

mander au Ciel la confervation
d'un Miniftre, cher à fon Au-
gufte Maître, précieux à l'E-
tat, Protecteur, & Protecteur
avec connoiffance de caufe, des
Arts & des Sciences, digne enfin de l'heureux Siècle pour
lequel la Providence nous a
réfervés, je fupplie VOTRE
EXCELLENCE d'agréer ces vœux
ardens & fincères, & les affu-
rances du profond refpect avec
lequel j'ai l'honneur d'être,

MONSEIGNEUR,

DE VOTRE EXCELLENCE

a Berlin le
1. Janvier
1748.

Le très humble & très
obéiffant Serviteur
FORMEY.
PRE-

PREFACE
D'UN ANONYME.

§. 1. RIen ne prouve mieux la bi-
zarrerie de l'homme, que
les différentes idées qu'il se fait
de son état après la mort. Il
craint de retomber dans le néant,
parce que rien ne lui paroit plus af-
freux qu'un néant éternel. Il ne
craint pas moins de revivre, & de
vivre éternellement, parce qu'il ignore quel sera son sort dans l'éternité.
Il voudroit revivre pour ne plus mourir, mais il le voudroit à sa façon.
Il a peur d'être plus malheureux qu'il
ne l'est actuellement, & il ne juge
de son bonheur & de son malheur,
que selon le plus ou le moins de car-
rière qu'il peut donner à ses passions.

§ 2. Il y en a même, qui crai-
gnent tant cette incertitude, qu'ils
trouveroient plus doux d'être anéan-
tis, que de revivre, si deux choses

* 5   ne

ne les embaraffoient. Ils comprennent qu'il y a un Etre fuprême. Ils
fentent qu'il y a en eux-mêmes un
être qui les fait penfer. Ils ne font
pas tout-à-fait furs, que ces êtres
foient fufceptibles d'anéantiffement,
mais ils voudroient qu'ils le fuffent:
ils voudroient que le prémier ne
fût pas en état de leur demander raifon de leurs actions, & que l'autre
fût difpenfé d'en rendre compte a-
près leur mort; & ils font tous les
efforts imaginables pour fe le perfuader. De-là cette différence d'opinions fur l'exiftence & la nature de
la Divinité, fur la nature & les opérations de l'Ame.

§. 3. Les plus impatiens coupent
ce nœud-gordien, en foutenant qu'il
n'y a pas de Dieu. DAVID, dans
fes *Pfeaumes*, fait mention de cette
opinion, en la traitant d'infenfée;
& il ne faut pas douter qu'elle n'ait
eu fes partifans longtems avant lui,
com-

comme elle n'en a encore que trop
aujourd'hui.

D'autres, au contraire, fentent
l'abfurdité de ce fentiment, & ad-
mettent un Etre fuprème; mais ils
rafinent & varient fur fes propriétés.
Il y en a, par exemple, qui le multi-
plient, & en font plufieurs Individus
Divins. Il y en a aufli, qui en font
une prémière Matière, fufceptible
de plufieurs imperfections.

D'autres lui accordent l'Immatérialité, & toutes les Propriétés Divines, excepté celles qui femblent gê-
ner leurs paffions. Selon eux, il n'y
a, par rapport à Dieu, ni Bien ni
Mal. Tout fe fait par hazard, ou
felon le cours de la Nature, fans que
Dieu y prenne part.

D'autres, aufli infenfés que ceux-
là, confondent la Divinité avec une
Deftinée abfolue. Ils regardent Dieu
comme la fource, la caufe & l'auteur
immédiat de toutes nos actions bonnes ou mauvaifes; & lui ôtent, par

con-

conféquent, le droit d'en récompenfer & d'en punir aucune ; puifque, felon cette créance, elles deviennent toutes involontaires & néceffaires.

§. 4. Ce feroit être trop diffus, que d'entrer dans un plus grand détail des différens fentimens de tous les Philofophes, anciens & modernes, qui ont parlé de !la Divinité. Comme la plupart des Auteurs qui ont écrit fur cette matière, ont rapporté les dogmes de ceux qui ont raifonné là-deffus avant eux, & que ces fortes de Livres font entre les mains de tout le monde, nous y renvoyons le Lecteur *.

§. 5. Il en eft de-même des idées que les hommes fe font de l'Ame.

De

_____

* Il n'y a qu'à lire ce qu'en dit Cicéron, & ce qu'en difent tant d'autres Philofophes plus récens, qui le citent, mais fur-tout le fameux *Bayle*; *Stanley* dans fon *Hiftoire Philofophique*; l'Auteur de l'*Hiftoire de la Philofophie Payenne*; celui de l'*Hiftoire Critique de la Philofophie*; & celui des *Mémoires Secrets de la République des Lettres*.

De tout tems ils fe font appliqués à
en découvrir la nature, ou, pour
mieux dire, à fe la repréfenter d'u-
ne manière compatible avec leurs
defirs.

§. 6. Selon les traces que nous en
trouvons dans l'Antiquité la plus re-
culée, les prémiers Peuples, ceux
mêmes qui donnoient d'ailleurs dans
les erreurs les plus groffières du Paga-
nifme, ne doutoient pas que les Ames
ne reftaffent en vie après la mort des
Hommes. Cela fe voit clairement
par leur Mythologie, & par les idées,
quoique chimériques, qu'ils fe fai-
foient des Champs-Élifées, & de
l'Enfer: idées qui n'auroient pu a-
voir lieu, fi ceux qui les avoient,
n'avoient été perfuadés de l'immortalité des Ames.

Nous en trouvons pareillement des
preuves évidentes dans les Livres de
MOYSE. Cet Hiftorien Sacré ne
dit pas à la vérité, en termes pré-
cis, que les Ames font immortelles;

&, ce qui l'a fans doute empêché de le
dire, c'eſt que, dans ces tems-là, cette
vérité n'étoit apparemment pas con-
teſtée par les *Iſraélites*, pour leſquels il
écrivoit principalement. Mais il s'en
explique indirectement, en rapportant des circonſtances, qui prouvent
que l'immortalité de l'Ame paſſoit a-
lors, non ſeulement chez les *Juifs*,
mais auſſi parmi d'autres Nations,
pour une Vérité inconteſtable.

Il dit, par exemple, *Geneſe* XXV. 8.
9, en rapportant la mort d'*Abraham*:
" Et *Abraham* défaillant, mourut,
" *&* fut recueilli vers ſes peuples".
Que ſignifient ces mots, *&* fut recueilli vers ſes peuples? Ils ne ſauroient ſignifier qu'*Abraham* fut enterré au
tombeau de ſes Ancêtres. Cela eût
été faux, puiſque ſes Ancêtres avoient
demeuré, & étoient enterrés en *Cal-
dée*, & que le tombeau, où *Iſmaël* &
Iſaac enſévelirent le corps de leur
Père, étoit au Pays des *Héthiens* (an-
cien

tien Peuple de la *Paleſtine*) & par conſéquent très éloigné de ſa patrie. Il s'enſuit donc de-là, qu'être *recueilli vers ſes peuples* ne doit s'entendre, en cet endroit de l'Ecriture, que de l'ame d'*Abraham*, *recueillie* après la mort de ſon corps, auprès de celles de ſes Ancêtres. Auſſi cette interprétation eſt-elle juſtifiée par Dieu lui-même, lorſque, quelque tems auparavant, il adreſſa au même Patriarche la prédiction ſuivante : „ Et „ toi, *tu t'en iras vers tes pères* en „ paix, & ſeras enterré en bonne „ vieilleſſe ”, *Genèſe* xv. 15. Il eſt clair que la prémière partie de cette prédiction regardoit l'ame, comme l'enterrement ne pouvoit regarder que le corps. Et cette façon de parler prouve inconteſtablement, qu'*Abraham*, comme ſes Ancêtres, & le plus grand nombre de ſes descendans, étoit perſuadé que ſon ame ſurvivroit à ſon corps.

Voici un autre endroit, où le même
me

me MOYSE nous fait voir, que de son tems les *Cananéens*, & les autres Habitans Paiens de la Terre promise, étoient tout-de-même persuadés, que les Ames ne mouroient point avec les Corps. Ce passage se trouve *Deutéronome* XVIII. 11., où le Divin Légiflateur défend à son Peuple, d'adopter aucune des abominations pratiquées par ces Nations-là, & nommément celle *d'interroger les morts.* Or comment un mort eût-il pu être interrogé, si ceux qui l'interrogeoient n'avoient supposé, qu'une partie de ce mort fût encore en vie, & en état de les entendre.

Enfin, il est clair que MOYSE & les Peuples auxquels il avoit à faire, croyoient l'Ame Humaine immortelle. Il est même probable, que cette opinion étoit dès lors très ancienne, & que c'étoit celle de toutes les Nations qui occupoient alors le Monde habitable. Quoi qu'il en soit,

soit, elle n'a pas toujours été reçue
si généralement.

§. 7. SALOMON se recrie avec
énergie contre ceux qui, de son
tems, n'admettoient aucune différence entre l'Ame Humaine & celle
des Bêtes, c'est-à-dire, qui croyoient
l'Ame périssable & mortelle.

Les *Saducéens* enseignoient publi-
quement cette erreur parmi les *Juifs*,
& leur Secte étoit si puissante, au
tems de J. C. & de ses Apôtres,
qu'elle contrebalançoit souvent le
crédit des *Pharisiens*; & que selon
les *Actes des Apôtres*, & selon l'*His-*
toire de Joséphe, elle avoit infecté
une partie du Grand-Conseil, & nommément la Maison Royale des *Hé-*
rodes, & plus d'un Grand-Pontife.

§. 8. Il seroit superflu de rapporter les différentes opinions des anciens Philosophes Grecs. Il est trop
connu que la plupart, & les plus pro-
fonds d'entre eux, soutenoient l'immortalité de l'Ame Humaine, tandis

dis que d'autres s'en faisoient toutes
sortes d'idées ridicules. Mais les uns &
les autres embrouilloient ces opinions
de tant d'idées contraires au bon-
sens, que tout ce qu'ils en débitoient
sentoit la fable & la comédie *.

§. 9. Il est aussi très probable,
que l'immortalité de l'Ame ne fut
pas généralement admise parmi les
Romains. *Cicéron*, un des esprits
de l'Antiquité les plus sublimes, ne
se seroit pas donné tant de peine
pour la démontrer & la soutenir †;
& *Sénèque* s'en seroit expliqué d'u-
ne manière moins vague & moins
incertaine qu'il n'en a parlé en plusieurs endroits de ses Ecrits, si les
sentimens de leurs compatriotes n'a-
voient été partagés là-dessus.

§. 10.

* V. les Auteurs cités dans la Note
précédente, & nommément les *Mémoires
Secrets de la République des Lettres*. T. 2.
Let. 5. §. 6. mais sur-tout l'*Histoire Paien-
ne* T. 1. Ch. 14.

† V. Ses *Tusc. Qu. I.* & sur-tout son
Traité de *Senect.* 78.

§. 10. La variété de ces opinions n'a pas ceffé avec l'Antiquité. Le Syftème de l'*Influence*, & celui des *Caufes Occafionnelles*, qui partagent encore aujourd'hui le Monde Savant, en font, pour ainfi dire, des preuves parlantes. Perfonne n'ignore les différens principes de ces Syftèmes, ni que les *Partifans*, qu'ils ont trouvés l'un & l'autre, n'ont jamais pu s'accorder entre eux fur l'application de ces principes. La plupart de leurs Sectateurs combattent pour l'immortalité de l'Ame; mais ils prennent, pour la foutenir, des routes fi différentes, & fi peu conformes à la Raifon, qu'ils font ordinairement réduits à recourir à la RÉVELATION, pour fuppléer au défaut.

§. 11. Feu Mr. *de Leibnitz* étoit doué d'un efprit trop fubtil & trop profond pour fe contenter de fentimens fi vagues, & trop actif pour n'en pas chercher de plus juftes. Il in-

inventa enfin un troisième Syſtème,
infiniment plus ingénieux & plus
raiſonnable que les deux prémiers.
Ce fut celui de l'*Harmonie pré-éta-
blie* : mais le Ciel ne lui aïant pas
donné aſſez de vie pour débaraſſer
cette hypothèſe de toutes les difficultés qui ſembloient d'abord l'accompagner ; il y a apparence qu'elle
feroit morte avec ſon Auteur, ſi le
tout-puiſſant Protecteur de la Vérité
n'avoit ſuſcité un autre Génie aſſez
fécond, aſſez éclairé, pour la faire
revivre, & pour la mettre dans tout
ſon jour.

§. 12. Le nouveau Syſtème que
cet heureux Génie a imaginé, ſemble effacer tous ceux qui l'ont précédé. S'élevant, pour ainſi dire, ſur
les ruïnes des autres, il paroit dicté
par le Bon-ſens & la Vérité. Il s'é-
loigne entièrement de la plupart des
principes d'*Ariſtote*, & de ceux de
Deſcartes ; & ſans rejetter, ſans a-
dopter tous ceux de Mr. *de Leibnitz*,

ii

il en établit de si nouveaux, de si
fublimes, de si folides, de si con-
cluans, & il les met tellement à la
portée de tout le monde, qu'en l'étu-
diant sans prévention & avec attention, on est également étonné de sa
profondeur, & comme honteux de
n'avoir jamais pensé comme l'Auteur
qui y travaille.

§. 13. A ce Portrait personne ne
méconnoîtra apparemment le célèbre Mr. *Wolff*. Il y a longtems
que ses Ecrits Philosophiques, publiés dans sa langue maternelle,
ont donné de l'exercice à quantité
de Philosophastres, qui s'arrêtent
& s'attaquent ordinairement à tout
ce qui n'est pas dit ou écrit dans
leur sens. Et ce n'est que depuis peu
d'années qu'il semble leur avoir im-
posé silence, en exposant successive-
ment sa Doctrine dans des Ouvrages Latins, & en lui donnant plus
d'étendue & d'évidence qu'auparavant. Il est à souhaiter que la Pro-
viden-

vidence lui accorde affez d'années &
de loifir, pour achever tout ce qui
lui refte encore à faire à cet égard.

§. 14. Les preuves que ce Grand-
Homme donne de l'immortalité de
l'Ame, font fi démonftratives & fi
convaincantes, qu'il n'en faut pas
d'autres pour s'en perfuader. Mais
comme le plus grand nombre des
Lecteurs s'effraie ordinairement de
tout ce qui fent le Syftème, & qu'il
y en a fort peu qui foient affez pa-
tiens & affez attentifs pour fuivre &
bien digérer un raifonnement méta-
phyfique, le favant Auteur des Réflexions qu'on préfente aujourd'hui
au Public, a choifi un tout autre
chemin, pour rendre cette immortalité inconteftable.

§. 15. Son but n'étant pas de bril-
ler, mais de convaincre, il fait abs-
traction de tout ce qui peut s'appeller Syftème, & de toute fubtilité
inutile. Il ne tire fes preuves, comme il en avertit lui-même, que de no-

tions communes, & uniquement fondées dans l'expérience; & il tâche
de les rendre sensibles à ceux mêmes
qui ne se sont jamais appliqués à l'é-
tude de la Philosophie. C'est au Lecteur à juger, s'il y a bien ou mal
réussi. Reste à rendre raison des motifs qui ont porté ce Savant à travail-
ler à un sujet tant de fois rebattu.

§ 16. Ce qui l'y a déterminé principalement, outre l'importance &
l'utilité essentielle de la matière en
question; c'est une Lettre Philosophique, où l'Auteur tâche de soutenir que c'est la Matière qui pense.
Il y a quelques années qu'il en cou-
rut plusieurs copies manuscrites &
anonymes, & on trouva bientôt a-
près, quoique mutilée, & changée
en bien des endroits, dans un Recueil de Lettres publié en 1736,
sous le titre de *Lettres écrites de
Londres, sur les Anglois & autres
sujets par Mr. de* VOLTAIRE.

Ce Manuscrit, soit qu'il faille le
met-

mettre fur le compte de Mr. *de Vol-*
taire, ou fur celui de quelque autre
Bel-Efprit fertile en imaginations
abftraites, en tours heureux & en
faillies brillantes; foit que fon Auteur ait férieufement penfé tout ce
qu'il a écrit, ou qu'il n'ait eu que
l'intention de fe moquer des Philofophes, & de les embarraffer; ce
MSC. dis-je, fembloit avoir furpris
par fa nouveauté le difcernement de
certains Lecteurs, naturellement en-
clins à fe flater d'une impunité éternelle, & faciles par conféquent à
goûter des principes qui paroiffent
avancés, exprès pour les y conduire.

§. 17. Je ne puis le nier, ces
principes m'avoient en quelque manière ébloui moi-même. Charmé
de leur expofition fi ingénieufe, &
des conféquences agréables qu'il eft
fi aifé d'en tirer, je me flatai pendant quelques momens de vivre
déformais à ma fantaifie, fans m'em-
ba-

baraſſer de mon ſort après ma mort.
Heureuſement pour moi, je m'aviſai
de faire part de ces idées à Mr. *Rein-*
beck; & ſur ce qu'il me ſurprit par la
facilité avec laquelle il m'en fit voir
la fauſſeté, je le priai de mettre ſes
Argumens par écrit.

§. 18. C'eſt de quoi il a eu la com-
plaiſance de s'acquiter, à meſure que
ſes occupations ordinaires le lui ont
permis. Il a eu même celle de faire
au-delà de ce que je lui avois deman-
dé. Non content d'avoir fait des
remarques raiſonnées ſur les endroits
les plus apparens du MS. ſuſdit,
il s'eſt donné la peine de les faire
précéder par une explication des
Principes Philoſophiques de ſon opinion; ou pour mieux dire, par une
démonſtration de l'Immortalité de
l'Ame raiſonnable, & il a bien voulu, à ma perſuaſion, en faire part
au public *.

§. 19.

* Il y en aura peut-être, qui auront de
la peine à approuver qu'un Théologien
auſſi

P R E F A C E.

§ 19. Voilà l'hiftoire de ces Réflexions. J'ignore de quel œil le Public

auffi célèbre que Mr. *Reinbeck* ait mieux ai-
mé prouver l'immortalité de l'Ame par une
Démonftration Philofophique, que par des
Argumens tirés de la Parole révélée: mais
on les prie de confidérer

1. Que l'intention de Mr. *Reinbeck* é-
tant principalement, de réfuter l'Auteur de
la Lettre Françoife dont il eft fait mention
dans cette Préface, & celui-ci aiant déclaré en plus d'un endroit, qu'abfolument il
ne prétend pas raifonner en Théologien, il
eût été ridicule de la combattre par des principes qu'il recufe.

2. Il feroit facile de prouver à ceux qui
font cette objection, qu'il eft impoffible,
que qui nie l'immortalité de l'Ame puiffe
admettre la Divinité de l'Ecriture; & qu'en
conféquence, il ne feroit pas moins ridicule de lui oppofer des raifons puifées dans
une fource qu'il rejette.

3. Il s'enfuit de-là, que, pour difputer
avec quelque efpérance de fuccès, contre
quiconque doute des vérités contenues dans
la Sainte Ecriture, lors fur-tout qu'on a affaire à un homme tel que l'Auteur de la
Lettre en queftion, qui ne fait que ridicu-
lifer la Religion, & tout ce qu'elle enfeigne
de plus facré; on n'a point d'autre parti à
pren-

blic les regardera, & fi elles feront
à l'abri de toute critique. Mais j'a-
vertis

prendre, que celui de le convaincre, que
la Révélation n'enfeigne point de Vérité
contraire à la Raifon ; & qu'en échange,
les Opinions qu'il foutient impliquent contradiction. Les plus fuperftitieux, à moins
qu'ils ne foient entièrement privés de bon-
fens, ne fauroient réfifter à cette manière
d'agir. On eft prefque fûr de les réduire
par-là à fe confeffer vaincus & convaincus,
ou à convenir qu'ils fe livrent de gayeté de
cœur à une opiniâtreté indigne d'un Etre
raifonnable.

4. Il faudroit d'ailleurs être mal informé
de ce qui fe paffe dans la République des
Lettres, fi l'on ignoroit que Mr. *Reimberk*
n'eft ni le prémier ni le feul Théologien
qui ait entrepris de prouver l'immortalité
de l'Ame, fans le fecours de la RÉVÉLA-
TION. Sans en chercher des exemples en
Angleterre & en *France*, nous nous conten-
terons de nommer deux Théologiens *Alle-*
mans, l'un & l'autre très connus & refpec-
tés dans l'Eglife Evangélique. Ce font le
docte *Hildebrand*, qui a écrit un Livre intitulé: *Immortalitas Animæ rationalis, ex fo-*
lo Naturæ lumine apodicticis & topicis rationi-
bus liquidò oftenfa, & ab Adverfariorum objec-
tionibus, ex eodem Rationis lumine vindicata,

** 2   c. à. d.

vertis ceux qu'elles ne convaincront
pas de l'Immortalité de l'Ame, &
qui

c. à. d. „ L'Immortalité de l'Ame, prou-
„ vée par des argumens fans replique, u-
„ niquement tirés des Lumières Naturelles,
„ & foutenue par les mêmes Lumières con-
„ tre les Objections des Adverfaires "; &
le fameux *Mafiu*, qui nous a laiffé un Ouvrage, qu'il nomme, *de Immortalitate Animæ, quatenùs è Naturæ lumine conftat*; c. à.
d. „ de l'Immortalité de l'Ame, entant
„ qu'elle nous eft connue par la Lumière
„ Naturelle ".

A ces deux Théologiens nous pourrions
joindre encore d'autre Savans, tels que font,
par exemple, *Placcius*, & *Hardfcbnid*; dont
le prémier a compofé un Traité: **Grund-
licher beweiſſ von der Seelen Unfterblich-
keit auſ den bloſſen lichte der Natur**/ c.
à. d. „ Preuves folides de l'Immortalité de
„ l'Ame, tirées de la feule Lumière Natu-
„ relle "; & l'autre a publié à *Strasbourg*
un Livre, *de Immortalitate Animæ Humanæ,
ex Philofophorum veterum & recentium argumentis examinatâ & demonftratâ*; c. à. d. „ de
„ l'Immortalité de l'Ame Humaine, exa-
„ minée & prouvée felon les principes des
„ Philofophes, tant anciens que modernes".
Mais le prémier aiant été Profeffeur en Philofophie à *Hambourg*, & la profeffion de
l'autre

qui trouveront à propos de les attaquer par cet endroit-là; je les aver-
tis, dis-je, qu'on ne répondra pas
à leurs objections, à moins qu'ils n'y
joignent une démonftration du contraire. Qu'ils prouvent que l'Ame
rai-

l'autre ne nous étant pas précifément connue, nous ne les avons nommé que par manière d'acquit, nous contentant d'ailleurs
de renvoyer les Lecteurs au *Dictionnaire
Philofophique de Walcb*, où ils trouveront
bon nombre d'exemples pareils, la plupart
tirés des Ecrits du célèbre *Fabricius*.
Notre intention n'eft pas d'examiner en
cet endroit, jufqu'à quel point tous ces Savans ont réuffi dans leurs entreprifes. Il
nous fuffit d'avoir prouvé par leurs exemples, que celle de Mr. *Reinbeck* n'eft ni nouvelle, ni irrégulière; & qu'il y auroit de
l'injuftice à lui refufer la même liberté,
que fe font donnée ceux qui ont écrit avant
lui, peut-être avec moins de fuccès, fur le
même fujet. En effet, rien de plus préju-
diciable à la Religion, rien de plus contradictoire, que de trouver mauvais que les
Théologiens raifonnent fur les Vérités Chrétiennes, & qu'ils fe fervent de la Raifon
même, pour prouver qu'elles ne font point
contraires à la Raifon.

** 3

raisonnable est mortelle & périssable, mais qu'ils le prouvent démonstrativement. Dès qu'ils y auront réussi, dès qu'ils auront satisfait à ce défi, il n'y aura plus de dispute, & Mr. *Reinbeck* lui-même deviendra leur prosélyte.

En attendant que cela arrive, je ne balance pas d'avouer, que les Argumens de ce Savant me paroissent si clairs & si persuasifs, qu'ils m'ont souvent arraché une réflexion, que tant d'autres peuvent avoir faite avant moi, & que je crois très vraie. C'est qu'il est difficile de concevoir, qu'un homme qui se pique de raisonner juste, puisse balancer de regarder l'Immortalité de l'Ame comme une vérité évidente par elle-même, & absolument nécessaire, je ne dirai pas par rapport au salut, qui ne sauroit avoir lieu sans elle ; mais par rapport au repos, à la sureté & au bonheur de la Société dans cette vie.

§. 20. Supposons, par exemple, qu'un

qu'un grand Prince s'avisât de souf-
frir que ses Sujets fussent imbus d'u-
ne Doctrine contraire à l'Immortalité de l'Ame, & à l'idée d'une Vie à
venir; en quelle sûreté seroit-il, tant
pour sa personne, que pour la forme
de son Gouvernement? Pourroit-il
compter un moment sur leur obéis-
sance, sur leur fidélité, sur leurs ser-
mens? Ses Sujets eux-mêmes cesse-
roient-ils de se tromper, de s'assassi-
ner les uns les autres, dès qu'ils pourroient en dérober la connoissance à
la Justice temporelle? Y auroit-il de
fin aux violences du plus fort, à la
rapine, au poison, aux meurtres,
aux crimes les plus horribles? Toutes les vertus, le bonheur de la
Société, la Religion, ne seroient-
ce pas autant de chimères, si les Hommes croyoient n'avoir plus rien à
craindre & à espérer après la mort?
Enfin, la Raison elle-même, qui fait
la seule différence entre l'Homme &
la Bête, de quelle utilité nous seroit-
elle

elle, s'il n'y avoit rien en nous qui continuât de vivre après notre trépas? Le Créateur, qui ne fait jamais rien fans raifon, n'en auroit eu aucune pour nous en douer.

§. 21. En un mot, je me fens fi perfuadé, je le répète, que l'Ame Humaine eſt immortelle, & je me fai fi bon gré d'en être convaincu, que je ne puis m'empêcher de finir cette Préface par le même paſſage de *Cicéron*, que le Libraire a trouvé bon de placer à la tête de cet Ouvrage: „ Que fi je me trompe, en „ croyant les Ames Humaines im„ mortelles, je fuis ravi de me trom„ per: c'eſt une erreur qui me fait „ plaifir, & qu'on ne m'arrachera „ point tant que je ferai en vie ". Cic. *de Senectute.* 86.

RE-

REFLEXIONS
PHILOSOPHIQUES
SUR
L'IMMORTALITÉ
DE
L'AME RAISONNABLE.

I.

Iant formé le deſſein de donner une démonſtration de l'Immortalité de l'Ame Raiſonnable, il faut, avant que d'en venir à l'exécution, expliquer ce que nous entendons par une *âme*, par une *Ame Raiſonnable*, & par *Immortalité*. Nous n'aurons égard dans nos définitions à aucun ſentiment particulier ſur la nature de l'Ame, & nous ne poſerons pour fondement, que ce qu'une expérience univerſelle & inconteſtable enſeigne à tous les hommes ſur ce ſujet. Par ce moyen nos définitions pourront être généralement

Conduit. ce que l'Auteur ſe propoſe de tenir.

A ment

ment reconnues & adoptées, à quelque opinion que l'on ait été jufqu'a-
lors attaché. Si nous ne mettons la
main à l'œuvre qu'après avoir pris ces
précautions, perfonne ne pourra nous
reprocher de bâtir fur des fondemens
incertains, & de déduire notre démonftration de Principes conteftés.
Au contraire, tout le monde fera convaincu de l'impartialité que nous obfervons dans cette matière.

II.

**Défini-
tion de
l'Ame.**

Quand nous parlons de l'*Ame* en
général, nous entendons par ce ter-
me, ,, une Subftance qui a la facul-
,, té, non feulement de fe faire cer-
,, taines repréfentations, mais enco-
,, re de produire en elle-même divers
,, panchans & defirs, & qui eft unie
,, à un Corps doué d'organes fenfi-
,, bles.

III.

**Cette
Défini-
tion eft
générale.**

Comme nous confidérons ici l'Ame
en général, & que nous ne faifons pas
encore une attention particulière à
l'Ame Raifonnable, la définition que
nous

nous venons de donner, peut bien
être appliquée à celle-ci; mais elle est
en même tems telle, qu'on peut s'en
fervir à l'égard des Bêtes, en fuivant
l'opinion de ceux qui leur donnent
une ame. Car quiconque ne fait pas
des Bêtes de pures Machines, & ne'
leur refufe pas, comme les *Cartéfiens*,
toute fenfation, ne fauroit s'empêcher
de reconnoître qu'elles ont la faculté'
de fe repréfenter les chofes qui font
hors d'elles, qu'elles ont le fentiment
de celles qui touchent leurs corps,
& que les impreffions des fens excitent en elles divers appétits. Nous appellons donc *Ame*, toute Subftance'
qui a cette faculté, foit qu'on la
croie matérielle, ou qu'on en faffe un'
être incorporel.

IV.

En attribuant à l'Ame la faculté de
fe faire des repréfentations, nous concevons qu'elle fe conduit à l'égard de
ces repréfentations d'une manière
beaucoup plus *active*, que *paffive*. Eclairciffons la chofe par un exemple. Une
certaine image fe peint dans un Miroir. On ne dira pas que le Miroir

*L'Ame
produit
fes repré-
fentations
par une
force qui
lui eft pro-
pre.*

pro-

produit cette image par sa force propre; ce n'est qu'un simple renvoi des
raions qui partent de la figure placée
à l'opposite de la glace. Quand on
ôte de la lumière un corps qui en est
éclairé, son ombre s'efface; & quand
l'objet qui est vis à vis du Miroir change de place, son image s'éclipse dans
le Miroir, qui par conséquent est beaucoup plus passif qu'actif dans les repréfentations qu'il forme.

Il ne dépend pas du Miroir de conferver l'image qu'il a une fois reçue,
ou d'en repréfenter une à son gré. Sa
faculté est bornée à l'expreffion de ce
qui est effectivement devant lui. Il n'a
aucune connoiffance de cette repréfentation. Auffi fon utilité n'est-elle
pas pour lui, elle ne concerne que
ceux qui regardent dans le Miroir.
Au contraire, l'Ame a la force de produire des repréfentations en elle-même. Elle fe règle à-la-vérité dans
les images qu'elle fe fait des chofes
corporelles fur les circonftances de
l'action extérieure, par laquelle les
objets affectent les organes des fens;
mais elle place elle-même ces objets
à la portée de fes fens, & n'a pas befoin

foin du miniftère d'autrui, comme le
Miroir. Elle eft auffi capable de conferver au dedans d'elle l'image des
chofes extérieures, & de la rappeller
en leur abfence. Tout cela montre
clairement, qu'il y a une grande différence entre les repréfentations d'un
Miroir & celles d'une Ame, puifque
celle-ci produit les fiennes d'une manière active & efficace, par fa propre force. Et comme elle en a de
plus le fentiment, la connoiffance intime, & qu'elle fe diftingue des images qu'elle fe repréfente, il en réfulte avec d'autant plus d'évidence, que
l'Ame n'a pas des repréfentations purement *paffives*, mais qu'elles font
actives.

V.

Nous avons dit que l'Ame eft une
fubftance, qui peut non feulement fe
faire certaines repréfentations, mais
encore qui a la capacité d'exciter en
foi certains appétits, ou defirs; il fuffit d'en appeller ici à l'expérience. Tirons de-là une nouvelle différence entre les repréfentations de l'Ame, &
celles du Miroir. Dans celui-ci elles

*§. 2.
Elle est
auffi capa-
ble d'exci-
ter en foi
certains
appétits.*

A 3   n'oc-

n'occafionnent pas le moindre changement, bien loin d'y exciter des appétits: au-lieu que celles que l'Ame
produit d'une manière efficace, par fa
propre force, traînent à leur fuite divers defirs.

VI.

Chaque Ame a un Corps qui lui convient.   Nous avons ajouté que l'Ame eft
unie à un Corps pourvu d'organes
fenfibles. Nous voulons faire comprendre par-là, que le nom d'Ame ne
convient pas à tout être, par cela feul
qu'il a la force de produire des repréfentations & des appétits. Quiconque reconnoît un DIEU, ou des
Anges, ne leur refufera pas des repréfentations actives. On ne fauroit
cependant leur donner le nom d'A-
mes. Car ce nom fuppofe toujours
un Corps auquel l'Ame eft propre
à être unie, & qui eft doué des organes des fens, par lefquels l'Ame peut
recevoir les fenfations de la vue, de
l'ouïe, de l'odorat, du goût, & de l'attouchement.

VII.

Notre Défini-   Il y en a qui croient l'Ame *matérielle.*

rielle. Quoique nous ne foyons pas de
ce fentiment, dont nous établirons le
contraire dans la fuite, nous avons
néanmoins donné pour le préfent une
définition de l'Ame, dont ceux qui
regardent l'Ame comme une *matière*
fubtile penfante, n'auront rien à retran-
cher. Car nous n'avons point encore avancé que l'Ame foit *immatérielle*
& *fpirituelle*, & nous nous fommes
bornés à dire en général, que c'eft
une fubftance. Or quand on croiroit
l'Ame matérielle, on ne prétendra pas
pour cela que la force de penfer réfide dans chaque partie dont le corps
eft compofé; mais l'on attribuera feulement cette force à une matière d'u-
ne certaine efpèce. On fera par conféquent obligé de diftinguer cette forte de matière qui a la faculté de penfer, du refte de la matière, dont le
corps eft compofé, & où cette force ne fe trouve point. Il faudra donc
donner le nom d'*ame* à cette matière
penfante, & en la diftinguant du refte de la matière du corps, avouer
que c'eft une fubftance particulière;
& alors il n'y a rien à oppofer à no-

tre

tion de
l'Ame
peut être
reçue par
ceux qui
la croient
maté-
rielle.

tre définition. Voilà ce que j'avois à
dire pour l'éclairciſſement du mot *Ame.*

VIII.

Continuons, & voyons ce que l'on
doit entendre par *Ame raiſonnable.*
Nous qualifions ainſi l'Ame, entant
qu'elle a eſſentiellement la faculté de
ſe faire des repréſentatiqns diſtinctes,
d'examiner, de comparer, d'appercevoir l'enchainure des Vérités, & d'en
tirer certaines conſéquences. Nous
faiſons moins attention ici à ce que
l'Ame raiſonnable exécute effectivement, qu'à ce dont elle eſt capable
en vertu de ſa conſtitution eſſentielle.
De cette manière nous ne faiſons pas
difficulté de donner une Ame raiſonnable aux plus petits Enfans. Car
quoiqu'elle ne ſoit pas encore en état
de former effectivement des conſéquences raiſonnables, il exiſte pourtant dans cette ame une faculté propre à cet effet, & qui ſe développe-
ra en ſon tems. Nous appellons bien
un jeune Arbre qui ne ſauroit encore
produire de bons fruits, par exemple,
un Arbre d'une bonne ſorte de pom-
mes,

mes, nous l'appellons à bon droit &
fans balancer, un bon Pommier ; parce
que ce petit arbre eſt d'une eſpèce qui
peut produire en ſon tems les fruits
que l'on en attend. C'eſt par la même raiſon que nous nous croyons bien
fondés à nommer raiſonnable, l'ame
du plus tendre Enfant. En cela, comme je l'ai inſinué, nous ne regardons
qu'à la faculté eſſentielle de toute A-
me, abſtraction faite de l'uſage effec-
tif de cette faculté ; uſage qui peut
manquer dans certains tems, quoique
la faculté même ſubſiſte toujours. L'expérience journalière ne nous enſeigne-
t-elle pas qu'un Homme ſait n'eſt pas
toujours en état d'employer ſa raiſon,
comme dans le ſommeil, dans les éva-
nouiſſemens, & dans d'autres cas de
cette nature ? En conclura-t-on qu'a-
lors cet Homme eſt ſans ame raiſonnable ? Nous avons donc aſſez de fondement, pour traiter de raiſonnable,
toute Ame qui poſſède une faculté eſſentielle de ſe faire des repréſentations
diſtinctes, & de connoitre la liaiſon
des vérités.

A 5　　　IX. Une

IX.

Il faut à l'Ame des idées & des penfées, pour qu'elle puiffe connoitre la liaifon des vérités, & tirer des confé-quences.

Une Ame ne fauroit appercevoir la liaifon des vérités, ni former des conféquences raifonnées, à moins qu'elle n'ait des idées & des penfées. Nous appellons *Idée*, la repréfentation que l'Ame fe fait d'un objet; & *Penfée*, la connoiffance intime qui accompagne cette repréfentation. Une Penfée emporte donc plus qu'une fimple Idée. Pour celle-ci, il ne faut que la repré-fentation de l'objet, & pour ainfi dire une fimple fenfation, qui pour-roit avoir lieu fans que l'on s'en ap-perçût. C'eft ce que l'on remarque dans le fommeil, dans les fonges in-quiets, chez les Perfonnes qui par-lent ou qui marchent en dormant, & chez les petits Enfans. Leurs actions font voir qu'il y a dans leur ame des repréfentations & des fenfations ; & néanmoins ces gens n'ont aucune con-noiffance de ce qui fe paffe en eux. Au contraire, il y a dans ce que nous appellons *Penfée*, une double fenfa-tion, fi je puis m'exprimer ainfi. On fe repréfente une chofe, & l'on fait

fait en même tems qu'on fe la repréfente. On eft enfuite en état de diftinguer de foi-même cet objet repréfenté, dont l'image eft apperçue par
l'ame. Dès que l'on faifit bien cette
différence entre la fimple Idée & la
Penfée, il eft aifé de rendre raifon,
comment il eft poffible qu'un Homme s'imagine en fonge ou en déli-
re, qu'il eft, par exemple, Roi.
Cela vient de ce que cet Homme n'a
dans l'ame qu'une fimple repréfentation, & une idée obfcure de l'image
d'un Roi, & que ne fe fentant pas
bien actuellement lui-même, il confond avec fa propre idée celle de l'i-
mage, dont il a une fenfation dans
fon ame. Ne la regardant pas comme une fimple image, il ne la fépare point de lui-même, & fe perfuade
que cette image & lui ne font qu'un.
Mais nous nous fommes engagés dans
une digreffion, il faut revenir à notre fujet.

X.

De fimples idées, ou penfées, dès *L'Ame*
qu'on les envifage féparément, & *doit lier*
A 6   *fans fes idées*

*entre el-
les.* fans les lier enfemble, ne fauroient
conduire à aucune conféquence raifonnée. Pour penfer & conclure raifonnablement, il faut non feulement
faire attention au fujet qui eft préfent
à l'efprit, mais encore y lier les chofes qui font en connexion avec lui,
& en féparer celles qui n'y conviennent pas. Ce n'eft qu'après avoir af-
firmé ou nié quelque chofe d'un fujet, qu'on paffe à la conféquence.

XI.

*Elle doit
avoir des
idées des
Efpèces &
des Gen-
res, &
pofer
certaines
vérités
fonda-
mentales,
qui lui
fervent à
lier ou à
féparer
les idées.* De-là nous pouvons déjà déduire
en quelque forte, de quelle faculté
une Ame doit être douée, pour qu'on
puiffe la confidérer comme une *Substance raifonnable*. Mais nous croyons
qu'il eft néceffaire d'approfondir encore davantage cette matière, & pour
cet effet d'ajouter les remarques fuivantes. Perfonne ne fauroit penfer &
conclure raifonnablement, 1. à moins
que ce qu'il affirme ou qu'il nie ne
foit appuyé fur des Vérités univerfelles & fondamentales, auxquelles il
puiffe être rapporté : 2. à moins qu'il
n'ait,

n'ait, outre les idées des Individus qui
tombent sous ses sens, celles des Genres & des Espèces : & 3. à moins
qu'il n'ait de plus certaines idées particulières, par le moyen desquelles
il lie ou sépare dans ses pensées les
repréfentations. Ces trois articles demandent des éclaircissemens circons-
tanciés, vu qu'ils servent à la Démonftration que nous nous proposons de
donner. Mais nous prendrons garde
dans tout ce que nous dirons là-des-
fus, de ne rien avancer qui ne soit
confirmé par l'expérience & avoué de
tout le monde, afin qu'on ne puisse
pas nous objeêter qu'il entre quelque
chose de suspeêt dans notre Démonstration.

XII.

1. Nous avons dit que pour pen- *Exem-*
fer & conclure raisonnablement, & *ples de*
pour affirmer ou nier de-même, nous *quelques*
devions avoir pour bafe certaines Pro- *Vérités*
positions, ou Vérités fondamentales. *mentales.*
La prémière Propofition univerfelle
& fondamentale, c'eft celle que les
Philofophes ont coutume d'appeller

le Principe de contradiction*. En vertu
de ce Principe, on ne sauroit en même

* Ce Principe de contradiction, qui est
négatif, tire son origine de cette autre Propofition affirmative, *Ce qui est, est*. Cette Propofition a un air de puérilité, qui fait que
quelques perfonnes le prennent pour une pure
niaiferie d'Ecole, dont on devroit rougir.
Ils difent que cela s'entend bien de foi-même, & que perfonne n'en doute. Il n'en est
pas moins vrai que cette Propofition, toute
fimple qu'elle paroît, est le fondement du
Principe de contradiction, & par-là de toutes
les autres Vérités. Car on conclut ainfi : „ Si
„ cette Propofition est vraie, *Ce qui est, est*;
„ au contraire la fuivante est faufle, *Ce qui est,
„ n'est pas.* Or cette dernière étant faufle, il s'en-
„ fuit, qu'*Une chofe ne fauroit être, & n'être
„ pas en même tems.* Et c'est ce qu'on appelle le Principe de contradiction. Comme donc
découlent de celui-ci d'autres Principes, fur
lefquels fe fondent enfuite toutes les Vérités,
on voit bien que cette prémière Propofition,
qui nous avoit paru d'abord fi chetive & fi fimple, est effectivement la prémière Vérité fondamentale, & le Principe de toutes les autres
Vérités. Il y a des Nombres fans nombre, qui
par leurs diverfes compofitions forment toutes
fortes de produits. Cependant tous les Cal-
culs actuels & poffibles de l'Arithmétique font
fondés fur la fimple Unité. En elle gît le
prémier Principe, qui fait qu'un produit est
jufte, ou faux. De tout cela il réfulte que le
Créateur a mis dans tous les hommes un Principe,

me tems & au même égard, affirmer
& nier une chose d'une autre. Toute la vérité & la certitude reposent sur
ce Principe. On ne pourroit rien tenir pour vrai & pour certain, s'il é-
toit possible qu'une chose fût & ne fût
pas en même tems, & qu'on pût affirmer & nier à la fois Ce Principe
en produit d'autres, qu'on est obligé d'employer dans toutes les conséquences raisonnées. Tels sont, par
exemple, ceux-ci : *Le Néant ne sauroit*
être cause de rien: Rien ne peut arriver sans
Raison suffisante : Le Tout est plus grand
que sa Partie.: Toutes les Parties prises
ensemble sont égales au Tout, &c. Quiconque a une légère teinture de Philosophie, conviendra sans peine qu'on
ne sauroit se passer de ces Principes,
pour penser & conclure raisonnablement sur quelque sujet que ce soit.
Les Mathématiques elles-mêmes en
ont besoin, & c'est de-là qu'elles tirent

cipe, par lequel ils sont en état de distinguer
la Vérité de l'Erreur, & qu'il est possible de
reconnoître la certitude d'une Vérité , & de
rejetter la Proposition contraire comme erronée.

rent toute leur certitude. En un mot
le Principe en queſtion eſt la pierre
de touche de toutes les autres Vérités,
& le fondement de la certitude des
Sciences Humaines.

XIII.

Néceſſité des notions des Genres & des Eſpéces,

2. Nous avons remarqué enſuite,
que pour penſer & conclure raiſonnablement, il faloit ajouter aux idées
des Individus qui tombent ſous nos
ſens, les notions des Genres & des
Eſpèces. Tous les objets des ſens
ſont de purs individus ; mais l'Ame
en prend occaſion de les diſtribuer en
certains genres & certaines eſpèces,
commençant de cette manière à affirmer ou nier quelque choſe d'eux.
Faiſons voir en peu de mots comment cela ſe paſſe.

XIV.

Comment l'Ame les forme.

Divers Individus ſe préſentent à nous,
par exemple, quelques Tiges avec leurs
branches, leurs rameaux & leurs feuilles, Nous remarquons qu'elles ſont toutes conformes entre elles à l'égard de
ces

ces diverfes parties. Cette obfervation
faite, nous les rappellons à un Genre
commun, que nous appellons *Arbre*.
Mais en pouffant plus loin notre attention, nous trouvons qu'outre les
circonftances qui s'accordent, il y a
pourtant des différences notables dans
leurs écorces, dans leurs feuilles, &
dans leurs fruits. Sur quoi nous di-
vifons le Genre *Arbre* en certaines
Efpèces, à chacune desquelles nous
donnons un nom particulier. C'eft
ce qui produit les dénominations de
Pommier, de Poirier, de Cerifier,
& autres femblables. Nous allons plus
loin encore, & trouvant des diffem-
blances fenfibles entre les Arbres d'u-
ne même efpèce par rapport à la figure ou au goût des fruits, nous
formons de nouvelles efpèces infé-
rieures & fubordonnées aux précédentes, qui ont auffi leurs dénominations
particulières. Tel eft notre procédé à l'égard de tout ce qui tombe
fous nos fens, ou de ce dont nous
acquérons d'ailleurs quelque connois-
fance. Si nous étions deftitués de ces
notions univerfelles des Efpèces & des
Genres, & que notre ame n'eût que
de

de simples repréſentations des Individus, il nous ſeroit abſolument impoſſible de penſer & de conclure d'une
manière raiſonnée. Concevez que les
ſens tranſmettent à notre ame la ſeule image d'une choſe, ſans qu'il ſe
paſſe rien au-delà, & ſans que nous
affirmions ou niyons quoi que ce ſoit
de cette image, nous ne pourrons
pas ſur ce ſimple acte nous qualifier
raiſonnables. Il n'y a que la notion
des Eſpèces & des Genres qui nous
mette proprement en état d'affirmer
ou de nier d'une manière raiſonnable
à l'égard des choſes qui ſont hors de
nous, de les mettre en oppoſition ou
en parallèle, de réunir ce qui tient
enſemble, d'en ſéparer le reſte, &
d'aller ainſi de conſéquence en conſéquence.

XV.

3. C'eſt une choſe reconnue, que,
comme nous l'avons inſinué tout-à-
l'heure, pour penſer raiſonnablement,
il eſt néceſſaire de lier dans ſon eſprit
certaines idées, ou de les ſéparer. C'eſt
à quoi ſervent diverſes notions, que
nous exprimons par ce que la Grammaire

maire appelle *Adverbes & Conjonctions.* Tels font les mots, *oui, non, mais, pourquoi, si, quoique, à cause,* & plusieurs autres. Les chofes qui répondent à ces mots, ne font point corporelles ou matérielles, & ne viennent point du dehors par les fens, puifqu'on chercheroit inutilement dans tout l'Univers quelque Etre corporel qui s'appelle, *oui, non, mais, pourquoi* &c : mais ce font de pures notions de notre ame, à l'aide defquelles elle met en ordre les idées, & fans lefquelles on ne fauroit penfer raifonnablement. Auffi ces notions doivent-elles être rapportées beaucoup moins à nos repréfentations fenfibles, qu'aux opérations de notre Entendement & de notre Raifon.

XVI.

Ce que nous avons avancé jufqu'ici, nous conduit tout naturellement aux remarques fuivantes. Tous les Hommes, de quelque Nation qu'ils foient, les petits Enfans même, dès que la Raifon fe développe en eux, fondent leurs affirmations & leurs négations, avec toutes les confé- quen-

Les vérités univerfelles, & quelques autres Notions, exiftent naturellement dans tous

quences qu'ils en tirent, ils les fondent, dis-je, fans s'en appercevoir
& fans y avoir réfléchi, fur ces Vérités fondamentales & univerfelles,
dont nous avons parlé §. XII. Ils
n'ont pas befoin qu'on les leur propofe, ni qu'on les leur éclairciffe ;
ils ne les développent point par leur
propre réflexion, & cependant le
fondement de leurs penfées raifonnables & de leurs difcours s'y trouve.
Un Homme, qui n'a jamais étudié,
ni entendu parler du Principe de
contradiction des Philofophes, ne
croira pourtant pas qu'une chofe
puiffe être tout à la fois noire &
blanche, vraie & fauffe. Un Pay-
fan demande, auffi-bien que le plus
grand Philofophe, pourquoi telle chofe eft ainfi, & comment cela eft poffible, quoique le mot de Raifon fuffifante n'ait jamais frappé fes oreilles.
On remarque dans les Enfans, avant
même qu'ils poffèdent bien leur langue maternelle, une liaifon d'idées,
qu'ils tâchent d'exprimer à leur manière, quoiqu'ils n'aient pas encore
appris les mots propres à la faire fentir. Nous concluons de-là, que les
notions

notions des Principes univerfels, &
celles · que nous rendons par le fecours des Adverbes & des Conjonctions, font naturelles & effentielles à
notre ame. D'où réfulte enfuite que
la faculté de penfer, de juger & de
raifonner, appartient auffi à l'effence
d'une Ame raifonnable.

XVII.

Il eft vrai que les prémières idées
& penfées que nous fentons en nous,
y font excitées par le moyen des objets qui frappent les fens. Cela feroit prefque croire, que la faculté
même de penfer & de juger raifonnablement nous vient du dehors. Mais
avec un peu d'attention, on s'apper-
cevra bientôt, que cette conféquence n'eft pas jufte, & qu'on doit plutôt reconnoître le contraire. Il peut
bien arriver, & il arrive en effet
tous les jours, que certaines circonftances extérieures donnent occafion
à l'Homme de fe fervir d'un de fes
membres, par exemple de fon bras,
de telle ou telle manière. Préten-
dra-t-on pour cela que ce foient ces
cir-

Objec-
tion &
Réponfe.

circonftances extérieures , qui donnent au bras la force d'agir ? A beaucoup plus forte raifon faut-il avouer
que les circonftances, quelles qu'elles foient, ne fauroient donner lieu
au bras de fe remuer, à moins que la
force naturelle n'y exifte auparavant.
Il en eft de-même à l'égard de l'Ame
raifonnable. Bien que les objets extérieurs & fenfibles nous conduifent
à des penfées raifonnables & à des
méditations, ils ne nous donnent pas
la force requife pour ces actes, qui
ne fe manifefteroient point en nous,
fi la force d'agir ne s'y trouvoit préalablement. La Bête peut fe trouver
dans les mêmes circonftances extérieures que l'Homme, les mêmes objets affectent fes fens. Si donc ces
circonftances & ces objets produi-
foient la force de penfer raifonnablement, les Bêtes devroient néceffaire-
ment l'avoir en partage. Mais cela
n'étant pas, il eft clair que la conféquence précédente ne vaut rien. Et
en effet, comment feroit-il poffible
de convaincre un autre de la moindre
vérité, avant que de lui avoir allégué
& expliqué les Principes fur lesquels

quels repofent toutes les Vérités, fi
ces Principes n'étoient réellement &
antérieurement cachés, pour ainfi
dire, dans la nature & dans l'effence
de l'Ame?

XVIII.

On n'aura pas de peine à découvrir
par-là, quelle doit être la conftitution d'une Ame pour être cenfée raifonnable. Elle ne fauroit être deftituée de la faculté de fe faire des repréfentations & des idées; car cela
appartient en général à la notion de
l'Ame, §. 11. Mais cette faculté doit
s'étendre jufqu'à la mettre en état de
tirer de juftes conféquences de ce
qu'elle fe repréfente. Pour cette fin
il faut qu'elle puiffe comparer les
objets, lier ce qui appartient l'un à
l'autre, en féparer le refte, affirmer,
nier, & arriver ainfi aux notions univerfelles, §. xiii. xiv. xv. Bien plus,
il faut que les Principes de toutes les
Vérités lui foient effentiellement connus, afin qu'elle puiffe s'en fervir
comme de règle fondamentale pour
juger des chofes, §. xvi. Nous donne-

Confti-
tution
d'une A:
me rai-
fonnable.

rons

rons de plus grands éclairciffemens fur tous ces articles, lorfque nous examinerons dans la fuite, fi une Ame raifonnable peut être matérielle ; ici nous ne faifons que définir les termes, & ce que nous avons dit peut fuffire pour ce but.

XIX.

Ce qu'on appelle Immortel. Il ne nous refte plus qu'à déterminer ce que nous entendons par *Immortalité. Mortel*, c'eft ce dont la nature eft tellement conftituée, qu'il peut perdre un jour la vie. *Immortel* au contraire, eft fuivant nous, non feulement ce qui ne perd jamais la vie, mais ce dont l'effence & la nature font telles qu'il ne la perdra jamais de foi-même. Avant que de prouver, fi cette notion de l'immortalité convient à l'Ame raifonnable, ou non, recherchons en quoi confifte la *Vie* d'une Ame rai-fonnable.

XX.

En quoi confifte la Vie en général. Quand nous parlons de la Vie en général, il faut remarquer que nous ne faurions concevoir une chofe comme

me vivante, fans y fuppofer un *Prip-cipe actif.* On n'attribue aucune vie à une chofe purement paffive. Sui-vant cette notion univerfelle, tout fujet qu'on regarde comme doué de l'immortalité, doit être d'une efpèce & d'une nature qui ne perde jamais fon activité. Ce n'eft pourtant-là, comme je viens de le dire, qu'une no-tion tout-à-fait générale de la vie d'un Etre, & qui peut être appliquée aux chofes corporelles, qui n'ont aucune repréfentation active, & auxquelles on ne laiffe pas d'attribuer la vie dans le langage ordinaire. Par exemple, nous difons fouvent, tel ou tel Arbre eft tout-à-fait mort; favoir, quand la fè-ve & les fucs de la terre ne circulent plus dans fes canaux internes, & qu'il eft hors d'état de pouffer des feuilles & de porter du fruit. Au contrai-re, nous difons que l'Arbre vit, tant qu'il y refte quelque force d'attirer & de diftribuer les fucs nouriciers.

XXI.

Mais comme nous ne parlons pas *Ce qui* ici de tous les Etres dans lefquels fe *c'eft que*

trouve une action intérieure, & qu'il
ne s'agit proprement que de ceux auxquels nous donnons le nom d'*Ame*;
nous devons donc rechercher en particulier, de quelle espèce est l'action
d'une Ame, & conséquemment en
quoi consiste sa vie. Or, §. ii. nous
avons défini l'Ame, une Substance qui
est capable de produire au dedans de
soi des représentations actives avec certains appétits ou desirs, & qui est
unie à un Corps dont les opérations
extérieures se règlent sur les panchans
de l'Ame. Par conséquent la Vie de
l'Ame consiste en général dans une force ou vertu active, capable de produire
des représentations & des appétits. Si
donc une Ame en général doit être
considérée comme immortelle, il faut
qu'en tout tems, & dans quelques
circonstances qu'elle soit, elle puisse
produire en elle-même, & des représentations actives, & certains appétits ou desirs.

XXII.

Cela ne suffit pas encore pour notre but présent. Car puisque nous
trai-

traitons expreffément de l'Ame raifonnable, nous fommes obligés de déterminer particulièrement , en quoi
nous faifons confifter l'immortalité d'u-
ne telle Ame. Nous avons appellé
Ame raifonnable §. xviii. une Substance qui eft capable de fe former des
notions univerfelles , & de juger fai-
nement d'une chofe , en vertu des
Principes qui font cachés en elle. C'eft
dans cette force ou vertu active, & dans
fon activité que confifte proprement
la Vie d'une Ame raifonnable. Par
conféquent nous l'appellerons immortelle , fi elle demeure toujours en état
d'employer cette force, & de mani-
fefter cette activité dans quelques circonftances qu'elle fe trouve.

XXIII.

Après avoir dégagé notre promeffe
§. 1. en donnant les définitions de
l'*Ame* , de l'*Ame raifonnable* , & de l'*Im-*
mortalité , il eft tems d'examiner, fi
nous pouvons avec fondement attribuer l'*Immortalité* à l'*Ame Raifonnable.*

XXIV.

XXIV.

Notre Ame pense & vit. Nous penſons. C'eſt une de ces vérités dont tout Homme eſt convaincu par ſa propre expérience. Quelle que ſoit la conſtitution de l'Etre qui penſe en nous, & la manière dont nous penſons, le fait n'en eſt pas moins certain. La même expérience nous apprend avec autant de certitude, que, lorſque nous penſons, c'eſt nous-mêmes qui ſommes occupés à cet acte, & qu'outre l'image, qui nous vient du dehors, & qui entre par les ſens, nous avons le ſentiment interne de notre repréſentation & de nos penſées. Il s'enſuit de-là que nous n'avons pas des repréſentations purement paſſives, mais qu'elles ſont actives. Par conſéquent nous avons une Ame §. II. Par conſéquent notre ame eſt vivante. §. XXI.

XXV.

Elle eſt raiſonnable. L'expérience nous apprend de plus, que nous nous repréſentons les Objets corporels, qui tombent ſous nos ſens comme des Individus, & que notre facul-

faculté s'étend encore beaucoup plus loin. En effet nous avons une force de réfléchir sur les Objets corporels représentés, de les passer en revue, de les comparer entre eux, de les diviser en certaines Classes, Espèces ou Genres, & d'en affirmer ou nier certaines choses. De plus, nous sommes capables de porter un jugement sur certaines actions qui se passent en notre présence, & de les envisager comme bonnes ou mauvaises, justes ou injustes, droites ou perverses, avantageuses ou nuisibles. Nous avons de tout cela des notions, d'où nous pouvons tirer certaines conséquences. Nous pouvons aussi examiner ce qui se présente à nous, pour savoir s'il est vrai ou faux, en faisant servir de pierre de touche les vérités fondamentales qui sont cachées en nous. Par conséquent nous avons une Ame raisonnable. §. VIII — XVIII.

XXVI.

Enfin nous savons par notre propre expérience, & nous sentons que nous avons la faculté de diriger nos

La Rai-
son est
essentielle

B 3 pen-

à notre
Ame.

penſées, tantôt ſur une choſe, tantôt ſur l'autre ; que quelquefois nous
doutons, & d'autres fois nous nous
déterminons à une certaine penſée ;
que nous pouvons tantôt différer notre examen, tantôt le reprendre ſuivant notre bon-plaiſir ; & que ſouvent
nous repaſſons dans notre eſprit, ce
à quoi nous avons déja penſé. Nous
trouvons auſſi en nous, lorſque nous
penſons à une choſe que nous nous
repréſentons comme bonne, un plai-
ſir qui accompagne cette repréſentation, & une pente de notre volonté
vers ce bien ; comme au contraire un
déplaiſir & un éloignement de la volonté, qui naît de ce que nous nous
repréſentons une choſe comme mauvaiſe. Il réſulte de tout cela, que nous
ſommes les maîtres & les auteurs de
nos propres penſées ; que notre ame
opère par elle-même ; qu'elle ne reçoit point du dehors la force de penſer & d'agir ; & qu'en un mot la faculté de penſer raiſonnablement, &
conformément aux Principes univerſels, eſt eſſentiellement propre à notre ame.

XXVII.

XXVII.

Tout cela étant préfuppofé, & en particulier quand nous voyons que notre Ame difpofe à fon gré de fes penfées, & les dirige tantôt d'une manière, tantôt d'une autre, on en doit conclure qu'elle n'opère point comme une pure Machine ordinaire, ni même comme une Machine qui fe mouvroit d'elle-même.

L'action de l'Ame n'eft pas comme celle d'une Machine.

XXVIII.

Une Machine automate, telle qu'eſt une Montre, eſt regardée à bon droit comme l'efpèce la plus parfaite des chofes que nous appellons Machines. Les Machines ordinaires, quand elles doivent exécuter leur jeu, ont befoin d'être mues extérieurement par une force étrangère. Une Machine automate poffède en elle-même le principe & la force de fon mouvement. Voyons fi l'Ame raifonnable peut être regardée comme un compofé de cette nature, qui a en foi la force de fon mouvement.

Ce que c'eft qu'une Machine automate.

B 4 XXIX.

XXIX.

Confor-
mité &
différence
entre les
opérations
de l'Ame
raisonna-
ble & cel-
les d'une
Machine
automate.

On ne fauroit à-la-vérité nier qu'il n'y ait quelque rapport entre les opérations de l'Ame raifonnable , & celles d'une Machine corporelle automate. L'une & l'autre agiffent par elles-mêmes. La caufe du mouvement dans une Machine, telle qu'une Montre, eft cachée da███████fence, c'eft-à-dire , dans la difpofition & l'affemblage de fes parties. L'Ame raifonnable eft de-même la caufe & l'auteur de fes opérations. La faculté de fe faire des repréfentations , & d'exciter en foi des appétits, ne lui eft pas apportée du dehors, elle lui eft effentiellement propre. Malgré tout cela, il refte une grande & effentielle différence entre une Machine corporelle, qui fe meut d'elle-même fuivant les règles de la Méchanique, ou qui eft conftruite avec les proportions de l'Architecture, & une Ame raifonnable. Une Machine, qui a fes roües, fes reflorts, & les autres parties néceffaires, va fon train fans s'arrêter, dès-qu'on l'a mife une fois en mouvement.

ment. Elle ne sauroit suspendre son
mouvement, ni aller à rebours; &
quand ses roues se sont mises à tourner, elles répètent le même tour une
infinité de fois de la même manière,
& sans aucun changement. Quand
même une force étrangère reculeroit
tous les ressorts du Méchanisme, il n'en
arriveroit pas d'autre mouvement,
que celui qui se seroit déjà manifesté
au dehors. Mais l'Ame raisonnable
opère d'une toute autre manière. Ses
pensées sont de tant de sortes différentes, qu'elles ne se suivent jamais
dans un ordre uniforme, excepté lorsque l'Ame veut donner son attention
à une certaine chaîne d'idées. S'il lui
arrive de penser à diverses reprises à
un seul & même sujet, elle observe
toujours certains changemens dans ses
pensées. Chacun peut aisément se
convaincre de la vérité de tout ceci,
en prenant seulement la peine de faire attention à soi-même.

XXX.

La différence entre le mouvement *Cette*
d'une Machine composée & corporel- *différente*
le, & l'opération d'une Ame raisonna- *est mise*
ble, *dans un*

B 5

ble, eſt déjà fort palpable; tâchons
pourtant de la mettre encore dans un
plus grand jour. Rappellez-vous ce
que nous avons dit ſ. xiv. de la manière dont l'Ame raiſonnable procède,
quand elle produit les notions univerſelles des Eſpèces & des Genres,
& dites ſi vous croyez qu'on puiſſe ſe
promettre quelque choſe de ſemblable d'une Machine compoſée & corporelle. Outre cela, peſez la nature
des autres opérations, ou actions,
auxquelles l'Ame raiſonnable eſt encore diſpoſée, & vous verrez de plus
en plus la différence eſſentielle qu'il y
a entre elle & une Machine corporelle. L'Ame raiſonnable a la faculté de
changer ſes penſées, de les rectifier, ou
de les laiſſer aller. Elle peut choiſir
pour objet de ſes méditations, ce qu'il
lui plaît. Elle peut enviſager cet objet
par toutes ſes faces, tantôt en général, tantôt en détail. Elle peut pro-
longer ſes penſées ſur un ſujet, auſſi
longtems qu'elle le juge à propos.
Tout cela n'aiant point lieu dans u-
ne Machine corporelle, nous en concluons que l'Ame n'opère pas comme une ſimple Machine.

XXXI.

XXXI.

Ce n'eſt pas encore aſſez pour
nous ſatisfaire: nous ne ſaurions nous
diſpenſer de rechercher plus exactement, s'il eſt poſſible d'attribuer a-
vec fondement à un Corps, à de la
Matière, la faculté de penſer raiſonnablement. Et pour plus de clarté,
il eſt néceſſaire de rappeller nos remarques précédentes ſur ce qui ſe
paſſe en nous, lorſque nous penſons.

*Examen
de la
queſtion,
ſi le Corps,
ou la Ma-
tière peut
penſer.*

XXXII.

Notre Ame eſt un Etre actif & o-
pérant, elle eſt douée de la force de
penſer. Cette force ſe déploie par
diverſes opérations. La prémière
conſiſte dans la repréſentation des
objets. La ſeconde, dans le ſentiment & la connoiſſance intime de
cette repréſentation. La troiſième,
dans la diſtinction que l'Ame met entre elle-même & l'objet repréſenté,
qu'elle conçoit comme placé hors
d'elle, & n'appartenant point à ſon
eſſence. Toutes ces opérations s'exé-

*Ce qui
arrive
lorſque
nous pen-
ſons.*

B 6   cutent

cutent en un inftant. Par exemple,
j'apperçois un homme devant moi.
Mon ame fe repréfente l'image de
cet homme, elle fent qu'elle fe la repréfente ; mais elle fent & fait en
même tems , que cet homme n'eft
pas elle-même, quoiqu'elle en ait l'i-
mage en foi, & elle envifage cet homme comme un objet placé hors d'elle. Par ce moyen elle eft en état
de penfer à cet homme d'une manière raifonnable & conforme à la vérité. Ainfi il eft clair que la force de
penfer renferme une triple faculté,
& que cette force unique produit
trois opérations intérieures de l'Ame,
que l'on peut diftinguer l'une de l'autre. Voyons à préfent fi le Corps ou
la Matière font fufceptibles d'une telle force unique, dans laquelle on puiffe diftinguer la triple faculté de fe
faire des repréfentations, d'en avoir
le fentiment, & de fe diftinguer foi-
même de l'objet repréfenté.

XXXIII.

Si le
Corps

Il eft hors de doute qu'une penfée
eft quelque chofe d'actif. Si donc
un

un Corps, fi la Matière étoit capable de produire des penfées, il faudroit que cela procédât de quelqu'une des opérations du Corps. Or aucun Corps, aucune Matière ne fauroit opérer que par le mouvement. Par conféquent, pour attribuer la penfée au Corps, on doit en placer le fondement dans fa force motrice. *penfé, le fondement de la penfée eft dans la vertu motrice.*

XXXIV.

L'expérience nous montre, que les Corps humains ont la faculté de faire des mouvemens extérieurs. Nous n'examinons point ici d'où leur vient cette force, & nous nous en tenons pour le préfent à l'expérience. Il en naît d'abord cette queftion, *Si la penfée peut être produite par le mouvement extérieur du Corps.* Je fuis affuré que ceux-mêmes qui attribuent la penfée à la Matière, répondront négativement à cette queftion. Car nous favons par l'expérience, que l'Ame peut penfer & penfé effectivement, quoique le Corps n'ait abfolument aucun mouvement extérieur, & lors même qu'il eft hors d'état d'en avoir, com-

Les mouvemens extérieurs du Corps-humain ne font pas requis pour la penfée.

B 7   me

me on l'éprouve dans une paralysie
complette. C'est pourquoi quelques.
uns regarderont peut-être la question
précédente, comme inutile & super-
flue. Mais je les prie de me la passer, parce que je crois nécessaire
d'aller pas à pas dans une matière
aussi importante. Il me suffit à présent, de faire convenir que les penfées ne pouvant procéder des mouvemens extérieurs du Corps, au cas que
ce soit quelque chose de corporel ou
de matériel qui les produise en nous,
ce doit être une certaine portion du
Corps-humain, qui se meut intérieurement, qui a en partage la force du
mouvement requis pour la pensée, &
qui est distinguée par-là des autres
parties de la Matière. De la sorte cette portion distincte constitueroit l'essence de notre Ame. C'est ce que
nous avons déjà insinué §. VII.

X X X V.

Ceux qui regar-dent le Corps comme

Plusieurs Philosophes, sur-tout parmi les Anciens, ne donnent aucune
force motrice au Corps & à la Matière, & les regardent comme des
choses

choſes purement paſſives. Il eſt manifeſte que ceux qui penſent ainſi, ne
ſauroient attribuer la force de penſer
à aucun Corps, à aucune Matière.
Car la penſée ſuppoſant un Etre actif, il eſt impoſſible de l'attribuer à
une Subſtance à laquelle on refuſe
abſolument toute action. Nous n'a-
vons donc pas beſoin de nous arrêter
à ces Philoſophes, dont le ſentiment
eſt fort éloigné de fournir aucun fondement à enviſager le Corps ou la
Matière, comme quelque choſe de
penſant.

purement paſſif, ne ſauroient lui attri- buer la force de penſer.

XXXVI.

Mais il y a d'autres Philoſophes,
qui ont examiné avec plus d'attention la nature des Corps & de la Matière. Ils ne nient pas à-la-vérité que
le Corps & la Matière ne ſoient des
Etres paſſifs, entant qu'ils peuvent
être mus & pouſſés par d'autres Corps;
mais ils ſont en même tems dans l'i-
dée, que la Matière, ou, comme quelques-uns aiment mieux s'exprimer,
le Corps compoſé de matière, a auſſi
une force motrice. Ils ſe conforment
en

Il y a des Phi- loſophes qui don- nent au Corps la force d'ac- tion & de réac- tion.

en cela à l'expérience, qui enseigne
qu'un Corps tiré une fois de son état
de repos, continue à se mouvoir, tant
qu'il ne trouve point d'obstacles. Ils
attribuent aussi au Corps une force
d'action & de réaction. Car la même
expérience montre, qu'un Corps qui
reçoit le choc d'un autre, arrête en tout
ou en partie le mouvement de celui
qui le choque, & le fait même quelquefois retourner en arrière. D'autres
vont plus loin, & prétendent que toute Matière a un mouvement intérieur
perpétuel. Notre but ne nous per-
met pas d'examiner, si & jusqu'où ces
sentimens sont fondés; nous voulons
pour le présent les admettre tous comme reconnus, & faire comme s'ils
étoient bien prouvés. De cette manière, nous ne refusons pas au Corps
& à la Matière une force d'action, nous
leur accordons une force motrice, &
nous y ajoutons encore celle de re-
pousser les Corps qui agissent sur eux.
Mais avec tout cela nous estimons,
que la force de penser est d'une espèce toute différente des autres forces, que les Philosophes attribuent au
Corps & à la Matière, & que celles-
ci.

ci ne fauroient fervir à expliquer la
prémière.

XXXVIʔ.

Enfuite, nous remarquòns prémiè- *La force*
rement, que tout Corps de foi-même *de penfer*
demeure en repos, & ne déploie *différe*
                                tout-à-
.point fa force motrice, jufqu'à ce que *fait de*
l'obftacle qui arrêtoit le mouvement *la force*
foit levé, ou bien jufqu'à ce qu'il ait *motrice.*
été pouffé par un autre Corps avec'
une force qui furpaffe la force de ré-
fiftance qui fe trouve en lui. Il faut de
plus que tout Corps qui arrête ou qui
excite le mòuvement d'un autre, foit
préfent & le touche. Un Corps abfent,
qui n'a point de liaifon avec un autre, & qui ne fauroit y atteindre en
aucune façon, ne peut rien opérer
fur lui. Il en eft tout autrement de
notre Ame penfante. Nous pouvons
nous repréfenter par la penfée, non
feulement les chofes corporelles qui
font préfentes à nos fens, mais encore
celles qui font abfentes, & dans un
éloignement à ne pouvoir agir fur aucun de nos fens. Nous pouvons penfer à des chofes paffées depuis longtems, & qui n'exiftent plus nulle part.
                                    Nous

Nous pouvons penfer à des chofes qui
font encore dans l'avenir, & qui n'exif-
teront même jamais. Bien plus, nous
pouvons penfer à des chofes qui n'ont
rien de corporel ni de matériel, comme à la Sageffe, à la Vérité, à la Véracité, & à d'autres vertus; à la Poffibilité, à l'Effence, à l'Actualité, aux
Propriétés & autres chofes femblables; de-même qu'à ces Idées qu'on
exprime par des Adverbes & des
Conjonctions, & dont nous parlions §. xv. Y a-t-il dans tout cela
quoi que ce foit qui puiffe mettre la
Matière penfante en mouvement? Il
eft donc clair par-là, que la force de
la Subftance penfante eft d'une toute
autre efpèce que celle du Corps en
mouvement.

XXXVIII.

Nous remarquons de plus, qu'un
Corps peut bien exercer la force motrice fur un autre, mais qu'il ne peut
jamais fe faire rebrouffer foi-même,
ni s'arrêter dans fon mouvement, ni
changer fa direction. Or l'Ame tirant fes penfées d'elle-même, réflé-
chiffant

chiſſant ſur ſes propres idées & repréſentations, & dirigeant ſon attention tantôt ſur ceci, tantôt ſur cela
ſuivant ſon bon-plaiſir; il continue à
en réſulter, qu'il y a une très grande
différence entre la force penſante de
l'Ame, & la force motrice du Corps
ou de la Matière.

XXXIX.

En ſuppoſant une Matière penſante, qu'on la faſſe ſi ſubtile qu'on voudra, elle a pourtant toujours des parties, dont elle eſt compoſée. Cela
étant, elle conſerve une certaine
longueur, largeur, profondeur, &
par conſéquent une certaine forme
& figure. Ce qu'un tel Compoſé peut
produire de ſoi-même, doit auſſi être
quelque choſe de compoſé, qui ait ſes
dimenſions & ſa figure; car l'effet ne
ſauroit être plus excellent que ſa cauſe. Or nous connoiſſons par notre
propre ſentiment nos idées & nos penſées. Trouvons-nous, je vous prie,
au dedans de nous quelque choſe qui
donne lieu de préſumer que nos penſées ſoient triangulaires, quarrées,
rondes,

Ce qui fait juger que la Matière ne ſauroit produire la penſée.

rondes, ou de quelque autre figure ? A-
la-vérité l'Objet que nos penſées nous
repréſentent, peut bien avoir une figure, mais la penſée elle-même n'en
a point. De plus nous penſons à bien
des choſes, qui ne ſont ni longues,
ni larges, ni profondes, & qui n'ont
aucune forme ou figure. Nous avons,
par exemple, une idée du Principe
de contradiction, & de celui de la
Raiſon ſuffiſante. Mais qui pourroit
dire que certaines Figures ſont propres à repréſenter ces Vérités fondamentales ? Nous avons indiqué §.
xxxvii. bien d'autres choſes, que
nous ne pouvons aſſurément pas ranger au nombre des choſes corporelles & matérielles, & dont notre ame
a néanmoins des idées & des repréſentations. Tout cela ne ſauroit avoir
ſon principe dans la Matière; car a-
lors il y auroit quelque choſe dans
l'effet, qui ne ſe trouveroit pas dans
la cauſe; & par conſéquent, l'effet,
comme on l'a dit ci-deſſus, ſeroit plus
excellent que la cauſe, ce qui eſt
contre toutes les règles du Bon-ſens.
Ainſi ce qui penſe n'eſt point Matière.

XL.

X L.

Confidérons de plus que nous avons
la faculté de communiquer aux autres
nos penfées. Or fi ce qui penfe en
nous étoit une Matière fubtile qui
produifit la penfée par fon mouvement,
la communication de nos penfées ne
pourroit avoir lieu, qu'en mettant en
autrui la Matière penfante dans le même mouvement où elle eft chez nous;
& à chaque penfée que nous avons,
devroit répondre un mouvement uniforme dans celui auquel nous voudrions la tranfmettre. Mais une portion de Matière ne fauroit en remuer
une autre, fans la toucher médiatement, ou immédiatement. Perfonne
ne foutiendra que la Matière qui penfe en nous, agiffe immédiatement fur
celle qui penfe en autrui. Il faudroit
donc que cela fe fit à l'aide d'une autre Matière en mouvement. Nous
avons trois moyens de faire part de
nos penfées aux autres, la Parole,
les Signes, & l'Ecriture. Voyons
s'il eft poffible qu'aucun de ces moyens mette la Matière penfante d'autrui

*Pour-
quoi la
communi-
cation de
nos pen-
fées ne
pourroit
avoir
lieu, en
fuppofant
que c'eft
la Matiè-
re qui
penfe.*

trui dans le même mouvement où
la nôtre se trouve.

XLI.

*Cela ne
pourroit
se faire
par écrit.* Quand nous nous servons de l'Ecriture pour inftruire les autres de nos
penfées, nous favons que les traits
des lettres que nous traçons sur le papier, ou que nous faifons imprimer,
y demeurent entièrement immobiles.
Comment une Matière, qui n'a elle-
même aucun mouvement, peut-elle
en exciter dans une autre? Cela feroit contradictoire, & par-là même
impoffible. Cependant l'expérience
montre que ces caractères immobiles
étant lus, inftruifent le Lecteur, &
lui font comprendre les Matières les
plus difficiles, comme celles de l'Algèbre & de la Géométrie. Encore,
je veux fuppofer, quoique cela foit
bien difficile à accorder, que ces caractères, qui nous paroiffent tout-à-
fait immobiles, ont un mouvement
imperceptible; il faut que l'on m'a-
voue, que les traits des lettres étant
tantôt longs, tantôt courts, & formant diverfes figures particulières, il
n'en

n'en fauroit réfulter un mouvement
-égal, & que le changement des caractères doit produire un changement
de mouvement. Or qu'on réfléchiſſe
à préſent, par combien de traits &
de caractères le même mot peut être
écrit. Et pourtant ce mot, qui que
ce ſoit qui l'ait tracé, & de quelque
manière qu'il le ſoit, excite toujours
la même idée. Pareille choſe feroit
impoſſible, ſi les traits des lettres met-
toient la Matière penſante en mouvement. Le même mot, à cauſe des
différences du caractère, exciteroit
des mouvemens différens dans la matière penſante du Lecteur, ce qui produiroit une diverſité d'idées & de penſées; car il eſt contradictoire, que
les mouvemens tout différens d'une
Matière qui agit ſur une autre, fas-
ſent naître la même forte de mouvemens, & par conſéquent de penſées.

XLII.

On peut déjà inférer de-là, qu'il en *Ni par*
eſt de-même des geſtes, & des autres *les Signes.*
ſignes par leſquels on donne certai-
nes choſes à entendre à un autre. Si,
par

par exemple, une efpèce de mouvement dans la Matière penfante pro-
duifoit en nous l'idée que nous atta-
chons au mot *oui* , un clin d'œil, un
mouvement de tête, ou quelque autre gefte de notre corps dont nous
nous fervons pour affirmer , excite-
roient la même forte de mouvement
dans la Matière penfante d'autrui. Il
en réfulteroit la contradiction manifefte, déjà mentionnée dans le para-
graphe précédent, favoir que diverfes
efpèces de mouvement d'une Matière
qui agiroit fur une autre, n'y produi-
roient pas des mouvemens différens,
mais qu'il en naîtroit la même forte,
& de mouvemens , & de penfées.
Ajoutez que tous les Signes, foit qu'on
les exprime par des geftes, ou autrement, font arbitraires ; ce qui aug-
mente beaucoup la difficulté. Il eft
égal d'exprimer le *oui* en feçouant
la tête , & le *non* en la baiffant ,
quoique dans l'ufage ces geftes expriment le contraire. Tout dépend ici
de la convention, ou de la coutume.
A préfent, d'un côté il n'eft pas pòs-
fible que, fi la penfée procède du
mouvement de la Matière, des mouvemens

vemens divers produifent la même penfée ; car chaque penfée demanderoit une efpèce particulière de mouvement dans la Matière penfante. D'un autre côté, il n'eſt pas poſſible non plus, que divers mouvemens du corps, l'action, par exemple, de fecouer la tête, & celle de la baiſſer, & les idées de *oui* & de *non* qu'on exprime parlà, n'excitent qu'une même forte de mouvement dans la Matière penfante. Car une Matière qui agit fur une autre, ne ſauroit agir arbitrairement: une boule, par exemple, qui par la nature de ſon choc en pouſſe une autre droit devant elle, ne ſauroit par le même choc la pouſſer de côté, chaque efpèce de choc ne pouvant produire fur la même matière qu'un effet pareil. Par conféquent il n'eſt pas poſſible que le même remuement de tête ſoit également propre à produire dans l'efprit d'un autre l'idée du *oui*, & celle du *non*, en ſuppofant que ce qui penfe en nous eſt une Matière qui excite nos penſées par une certaine efpèce de mouvement. Que dirons-nous des autres Signes, que l'on choifit à ſon gré ? On peut convenir,

C

venir, par exemple, qu'un Ruban rou-
ge, attaché en tel endroit, fignifiera
telle chofe. Ce feul figne peut répondre à l'idée de cent chofes différentes, qui, fi elles étoient exprimées
par des mots, formeroient un difcours
entier. Que trouvera-t-on dans un Ruban ainfi attaché, qui puiffe exciter
dans la Matière penfante tous ces
mouvemens confécutifs, requis pour
produire les idées qui répondent au
but de ce figne? On rencontrera toujours des contradictions manifeftes,
tant qu'on fuppofera que ce qui penfe eft une Matière, dont les diverfes
fortes de mouvement font les fources
de nos penfées.

XLIII.

Ni par la Parole. Le troifième moyen par lequel nous
communiquons nos penfées, c'eft la
parole. Elle confifte en des mots,
qui tous enfemble ont une fignification arbitraire : autant de Langues, autant de mots différens. Bien plus, on
trouve fouvent dans une feule Langue,
deux, trois mots, & davantage, qui
ont le même fens, & qui excitent
par conféquent la même idée. Or
chaque mot excite un certain mou-

ve-

vement dans l'air, différent de celui
que cause tout autre mot. Les mots
donc qui signifient la même chose, &
qui excitent pourtant des mouvemens
différens dans l'air, ne devroient-ils
pas aussi agiter diversement la Matière pensante? Et cela étant, comment
en résulte-t-il des idées différentes? la
difficulté, la contradiction, que nous
avons remarquée ci-dessus, subsiste é-
galement ici.

XLIV.

Ajoutons encore quelques remarques. On sait que presque dans toutes
les Langues il y a des mots qui s'écrivent & se prononcent de-même, &
qui n'ont pas pourtant le même sens.
Les Dictionnaires Latins & François
sont pleins de pareils exemples, &
notre Langue Allemande en fournit
aussi. Le mot *Bock*, par exemple, dé-
note tantôt un Animal, tantôt une
sorte de punition, & tantôt le siège
d'un cocher. Le mot *Haven* exprime
un pot, & un port où les Vaisseaux
abordent.

Il y a aussi des mots qui ont le même son en diverses Langues, quoiqu'ils aient un sens tout différent. Par

C 2   exem-

*Conti-
nuation
du même
sujet.*

exemple, le mot *Ball* fignifie en Allemand une boule de laine ou de cuir avec laquelle on joue. En François *Bal* eft une affemblée de Danfeurs. En Hébreu & en Chaldaïque, c'eft une particule négative. Il n'eft pas befoin d'entaffer un plus grand nombre d'exemples de cette nature.

A préfent il y auroit contradiction manifefte à prétendre d'un côté, que deux ou trois mots tout-à-fait diffemblables, & qui caufent par conféquent un mouvement tout différent dans l'air, quoiqu'ils fignifient la même chofe, par exemple, *Diable*, *Satan*, *Malin Éfprit*, ne produifent par leur opération naturelle que le même mouvement dans la Matière penfante; & d'un autre côté, que les mots, qui s'écrivent & qui fe prononcent de la même manière, bien qu'ils varient dans leur fens, mettent la Matière penfante dans des mouvemens différens.

La même chofe a lieu à l'égard de toutes ces façons de parler, qui fignifient tout autre chofe que ce que les mots expriment. Comment ces façons de parler peuvent-elles, par une opération naturelle, faire naître dans

dans la Matière penfante un mouvement qui faffe comprendre, non feulement le fens propre des termes,
mais encore que ce fens n'eft pas celui qu'on doit leur donner, & fouvent
que c'eft le contraire qu'il faut entendre? Cela fuppoferoit un mouvement
redoublé, & réfléchi fur lui-même.

XLV.

Je prie le Lecteur de remarquer,
que pour établir l'immatérialité de ce
qui penfe en nous, je n'ai pas tiré mes
preuves de ce que l'on ne fauroit comprendre comment la Matière penfe;
mais j'ai bâti ma démonftration fur
l'impoffibilité intrinsèque de la chofe
même, & fur les contradictions dans
lefquelles on s'engage, en faifant matériel le Principe penfant. Je reconnois volontiers, qu'on n'eft pas en
droit de nier une chofe, uniquement
parce qu'elle eft incompréhenfible, &
qu'on ne fauroit dire comment elle fe
fait. Si nous n'avions point d'autre
principe pour combattre la matérialité de l'Etre penfant, on auroit raifon de nous objecter que le même Principe conduit à nier l'immatérialité &
la fpiritualité de l'Etre penfant, puis-

Ce n'eft pas l'in-compré-henfibili-té, c'eft l'impoffibi-lité qui nous fait refufer la penfée à la Matiè-re.

que

que nous ne faurions comprendre, en
quoi confifte proprement la penfée
dans un Efprit, & comment fe fait la
communication des idées d'un Efprit
à l'autre par le moyen de la Parole,
de l'Ecriture, ou des Signes. C'eft
pour cela que j'ai fondé ma démonftration fur la contradiction qu'implique la Penfée unie à la Matiére : d'où
s'enfuit. l'impoffibilité intrinféque de
la chofe. Car ce qui eft contradictoire, eft par-là même impoffible.

XLVI.

Ceux-là tombent auffi dans l'erreur,
qui croient avoir fuffifamment établi
leur opinion fur la matérialité de l'A-
me, lorfqu'ils ont eu recours à la
toute-puiffance de Dieu. Car il faut
remarquer, que quand on prendroit
ici pour principe la toute puiffance
de Dieu, il n'en réfulteroit nullement
cette conféquence : *Dieu peut, en ver-*
tu de fa toute-puiffance, donner la pen-
fée à la Matière. Donc ce qui penfe en
nous eft matériel. Il ne s'enfuivroit autre chofe du Principe, finon qu'il feroit
poffible que notre Ame fût matérielle. Or la fimple poffibilité d'une chofe,
n'autorife pas à en conclure l'actualité.

lité. Autrement nous ferions bien
plus fondés dans le fujet en queſtion,
à prouver que notre ame n'eſt point
matière, mais qu'elle eſt eſprit, en
procédant par la même ſorte de conſéquence, & en diſant. Puiſque Dieu
eſt tout puiſſant, & ſur-tout puiſ-
qu'il eſt lui-même un Eſprit, & par
conſéquent un Eſprit tout-puiſſant,
il a le pouvoir de créer un Eſprit penſant. Donc notre Ame eſt effectivement un Eſprit. De cette manière,
on feroit également bien fondé de
part & d'autre, & il n'y auroit pas
moyen de s'accorder. Mais il y a plus,
& nous devons remarquer encore,
que de l'aveu de tout le monde, la
puiſſance infinie de Dieu ne s'étend
pas aux choſes contradictoires, qui
ſont impoſſibles en elles-mêmes; puiſ-
qu'autrement on trouveroit en Dieu
un principe deſtructif de toute Vérité & de toute Certitude. Suivant cela, quiconque veut établir que notre
Ame eſt matérielle, doit d'abord lever pleinement la contradiction que
nous avons fait ſentir, & mettre en
évidence qu'il n'eſt pas impoſſible en
ſoi qu'une Matière produiſe toutes

les

les opérations, que nous comprenons fous le nom de Penfée. Nous nous expliquerons plus au long là-deſſus à la fin de ces Réflexions Philoſophiques, en faiſant quelques Remarques ſur une Lettre attribuée à Mr. *de Voltaire*. Paſſons pour le préſent à l'examen de la Queſtion, *ſi l'Ame raiſonnable eſt mortelle, ou immortelle ?*

XLVII.

Preuves de la ſimplicité & de l'indiviſibilité de l'Etre penſant.

L'expérience enſeigne à tous les hommes en général, & à chacun en particulier, qu'il y a en nous un être qui penſe. Or comme nous avons démontré §§. xxvii. & xliv. qu'on ne ſauroit attribuer au Corps ou à la Matière la faculté de penſer, il en découle clairement, que ce qui penſe en nous n'eſt ni Corps, ni Matière.

Tout Corps, toute Matière eſt un Compoſé qui réſulte de l'aſſemblage de certaines parties. Ce qui penſe en nous n'étant ni Corps, ni Matière, nous ne ſaurions donc le regarder comme un Compoſé conſiſtant en certaines parties. S'il n'eſt pas compoſé, il eſt ſimple & indiviſible. Or notre Subſtance penſante portant le nom d'ame, l'Ame eſt par conſéquent

quent un Etre fimple & indivifible.

C'eft de cette propofition que découle l'Immortalité de l'Ame. Voyons comment il faut s'y prendre pour l'établir.

XLVIII.

Tout Etre fimple, qui n'a aucunes parties, eft en conféquence de fon indivifibilité, incorruptible & indestructible, c'eft-à-dire, qu'il ne fauroit fe détruire de lui-même, ni être détruit par aucune force créée. Les parties qui compofent le Corps, ou la Matière, peuvent être détachées, & féparées les unes des autres, & alors le Corps n'eft plus ce qu'il étoit auparavant. Mais comme un Etre fimple n'a point de parties, rien ne fauroit en être détaché. Sa deftruction ne peut arriver que par l'anéantiffement. Or rien ne pouvant s'anéantir de foi-même, & aucune chofe créée n'étant capable d'en anéantir une autre, tout comme elle eft hors d'état d'en créer, on peut pofer pour Principe, qu'un Etre fimple eft de foi-même indeftructible, & par conféquent qu'il conferve fon actualité.

Un Etre fimple & indivifible eft incorruptible & indeftructible en foi, & telle eft notre ame.

Cela eft d'autant plus aifé à comprendre.

pren-

prendre, qu'il eſt inconteſtable que la Matière elle-même ne ſauroit naturellement être détruite au point de rentrer dans le néant, enſorte qu'il ne reſte rien nulle part de ſes parties diviſées. Les Chymiſtes ont à-la-vérité l'art de décompoſer la Matière d'une façon particulière, & d'examiner par ce moyen de quelle nature ſont les parties qui la compoſent. Mais qu'ils s'y prennent comme ils voudront, ils ne ſauroient pourtant toucher à l'exiſtence des parties de cette Matière. Quand tout ſe réduit en fumée, les petites parties qui s'évaporent en haut demeurent ſuſpendues dans notre Atmoſphère, où elles s'uniſſent avec d'autres exhalaiſons qui ſortent de notre Globe, ſur lequel elles retombent enſuite avec la pluie, ou par quelque autre voie.

Nous concluons de-là que notre Ame étant ſimple & indiviſible ſ. xlvii. elle eſt auſſi indeſtructible, & conſerve conſtamment ſon actualité.

XLIX.

Un Etre ſimple.

„ Un Etre ſimple ne ſauroit, tant „ que ſon actualité dure, perdre ſon „ eſſen-

„ effence ". La vérité de cette Propofition découle de la précédente. Ceux
même qui n'attachent qu'une idée confufe au mot d'*effence*, doivent l'avouer,
puifqu'ils ne fauroient nier que chaque chofe a fon effence. Si donc on
fuppofe ce qu'emporte la Propofition
précédente, c'eft qu'un Etre fimple
qui n'a aucunes parties eft indeftructible, il en réfulte inconteftablement,
qu'il ne perd jamais fon effence. La
raifon en eft fenfible. Il y a contradiction qu'un Etre foit, qu'il exifte
actuellement, & qu'il n'ait point d'effence. Si donc chaque chofe a fon effence, & fi l'Etre fimple eft indeftructible, la Propofition que nous avons
avancée, ne peut être révoquée en
doute.

Mais pour la mettre dans tout fon
jour, expliquons ce que nous entendons proprement par *Effence*.

L.

Il eft fuperflu de remarquer que
nous diftinguons entre l'effence & l'actualité ou l'exiftence d'une chofe.

Suivant le Principe de contradiction, tout ce qui eft contradictoire, eft abfolument impoffible. Par

C 6   con-

tant qu'il exifte, ne perd point fon effen-ce.

Ce que nous en-tendons pas Effen-ce.

conféquent, ce qui ne fe contredit
pas, eft poffible en foi. Or les Philofophes aiant coutume de donner le
nom d'*effence* à ce qu'on conçoit le
prémier dans un fujet ; & la poffibilité intrinfèque d'une chofe, en vertu de laquelle elle eft exemte de
contradiction avec elle-même, étant
inconteftablement la prémière chofe que l'on puiffe concevoir dans un
Etre ; il s'enfuit de-là, qu'à parler en
général, la poffibilité intrinfèque
conftitue l'effence de chaque chofe.
Mais comme toutes les chofes ne font
pas de la même efpèce, & que chacune a fes propriétés particulières,
qui demeurent toujours les mêmes,
& dont on ne fauroit rien féparer,
tant que la chofe eft ce qu'elle doit
être ; il en réfulte que l'effence de
chaque chofe, qui la différencie fpé-
cifiquement d'une autre, confifte
dans la manière dont cette chofe eft
poffible. Or quand on comprend
diftinctement cette raifon de la poffibilité, on poffède en même tems le
fondement des autres propriétés, par
lesquelles un fujet fe diftingue de
tout autre.

LI.

LI.

En pefant bien tout cela, nous re-
connoîtrons que l'effence d'une chofe, mife en oppofition avec fon exiftence, eft abfolument néceffaire. Car
nous avons fait confifter l'Effence en
ce qui eft intrinféquement poffible.
Ce qui eft tel ne fauroit en même
tems être intrinféquement impoffible,
autrement il y auroit contradiction
manifefte. Ainfi ce qui eft poffible
en foi, ne pouvant être le contraire,
eft abfolument poffible. Par conféquent l'effence d'une chofe, par cela
même qu'elle eft poffible en foi, eft
abfolument néceffaire. Si elle eft abfolument néceffaire, elle eft auffi in-
muable en foi. Car nous appellons
abfolument néceffaire, ce qui ne fauroit être autre qu'il eft. Et nous ne
pouvons nier que ce qui ne fauroit
être autre qu'il eft, eft immuable.
Concluons donc que l'effence d'une
chofe, entant qu'on l'oppofe à fon
exiftence, eft abfolument néceffaire
& immuable. Quelques exemples
répandront du jour là-deffus.

*L'Effen-
ce des
Chofes eft
abfolu-
ment né-
ceffaire.*

LII.

Suppofons qu'une Montre, qui par

*Exem-
ple.*

le cours de fon aiguille marque les heures, foit une chofe abfolument inconnue. Concevons de plus qu'un habile Ouvrier fe mette en devoir d'inventer une Machine qui produife cet effet. Comment faudra-t-il qu'il s'y prenne? Il doit incontestablement s'occuper à chercher un affemblage de refforts, de roues, & d'autres pièces, qui par un mouvement conftamment uniforme, faffent tourner l'aiguille de manière à produire l'effet defiré. Si un tel affemblage n'étoit pas poffible, il feroit auffi impoffible de faire une Montre. Donc la poffibilité intrinfèque, ou la manière d'affembler diverfes pièces, qui par un mouvement régulier & ordinaire atteignent au but que l'on fe propofe, cette poffibilité, dis-je, conftitue l'effence d'une Montre. Par conféquent l'effence de cette Machine eft tout-à-fait immuable. A-la-vérité l'affemblage pourra varier à quelques égards, fans que le réfultat ceffe d'être une Montre. Mais cet affemblage doit pourtant toujours être conftitué de manière à renfermer le principe de l'effet qu'on cherche. Et

dans

dans ce fens, comme on l'a infinué ci-deffus, l'effence d'une Montre demeure immuable. Car fi la manière de l'affemblage ne répondoit pas au but d'une Montre, ce n'en feroit plus une, ce feroit quelque autre Machine, qui exécuteroit des opérations toutes différentes.

LIII.

Il en eft tout autrement de l'existence d'une chofe. Tout ce qui ne fe contredit pas eft bien poffible, mais il ne s'enfuit pas de-là qu'il exifte actuellement. La pure poffibilité d'une Montre, par exemple, qu'un Horloger fe repréfentera idéalement, ne fait pas que la Montre foit déjà-là. Outre la pure poffibilité, il faut encore une raifon fuffifante, favoir une force & une action, par laquelle le poffible arrive à l'actualité. La notion de l'exiftence emporte à-la-vérité toujours celle de la poffibilité, parce qu'une chofe abfolument impoffible n'exiftera jamais. Mais la notion de la fimple poffibilité d'une chofe, n'emporte pas toujours celle de l'exiftence. Or l'effence de chaque chofe confiftant dans la manière dont elle

L'exiftence n'eft point liée avec la fimple poffibilité.

elle est possible, il est clair qu'on est bien fondé à distinguer l'essence d'une chose d'avec son existence.

LIV.

Tant qu'une chose existe, & demeure ce qu'elle est, elle conserve son essence.

Rien ne pouvant exister sans avoir son essence, il est hors de doute qu'une chose, tant qu'elle demeure ce qu'elle doit être, conserve son essence. Un Composé tel qu'une Montre, peut bien être desassemblé, mais alors il perd aussi l'essence d'une Montre, n'étant plus possible qu'il montre régulièrement les heures. Au-lieu que si l'on suppose que la Montre demeure en son entier, on doit avouer qu'elle conserve son essence aussi longtems que son intégrité. A beaucoup plus forte raison, un Etre simple, qui est indestructible en soi, ne sauroit perdre son essence, non plus que son existence, à moins qu'il ne soit anéanti.

LV.

En quoi consiste l'essence d'une Ame raisonnable.

Nos deux assertions des §§. XLVIII. & XLIX. étant suffisamment éclaircies, il s'agit à présent d'examiner & de faire voir, en quoi consiste l'essence d'une Ame raisonnable. Mais pour y procéder avec plus d'ordre & de clarté,

clarté, voyons préalablement ce qui
peut faire donner à notre ame le nom
d'*Ame raisonnable.* Dès que nous aurons fait cette découverte, nous sau-
rons en quoi consiste l'essence d'une
Ame raisonnable.

LVI.

Nous avons déjà remarqué ci-dessus, §§. II. & III. qu'en général toute Ame est capable de se faire des re
présentations actives, & §. XVIII.
qu'une Ame raisonnable en particulier doit avoir des représentations,
dont elle puisse déduire des conséquences raisonnées. Et comme nous
avons annoncé dans le même §. XVIII.
que nous traiterions dans la suite ce
sujet d'une manière plus circonstanciée, nous allons rechercher à présent de quelle espèce doivent être les
représentations & les idées dont on
tire des conséquences raisonnées.
Pour cet effet consultons notre propre expérience.

Comment on doit procéder dans l'examen de cette question.

LVII.

Il y a diverses sortes de Représentations actives, ou d'Idées. Les u-
nes sont tout-à-fait *obscures.* D'autres sont *claires*, sans être encore bien
distinc-

Combien il y a de sortes d'Idées.

diftinfes *. Il y en a qui pouffent la
clarté jufqu'à la *diftinftion*. Enfin il
y en a qui font *complettes* & *adéquates*.
Éclairciffons l'une après l'autre toutes ces dénominations.

LVIII.

*Ce que
c'eft qu'u-
ne Idée
obfcure.*

Nous appellons *Idée obfcure*, celle
qui nous repréfente une chofe, mais
en gros & fi confufément, qu'elle ne
fait qu'une très légère impreffion fur
nous, & que lorsque l'objet reparoit
de nouveau, nous avons peine à reconnoître fi c'eft lui, ou un autre.
Quand l'idée en demeure-là, & qu'il
n'y furvient rien de clair ni de dis-
tinft, elle nous eft fort peu utile,
elle

* Il ne faut pas s'accrocher à la différence
que nous mettons entre *clair* & *diftinft*, fous
prétexte que ces deux mots ont communément le même fens, la différence des matières en met dans les termes. L'ufage ordinaire
employant divers mots comme s'ils avoient la
même fignification, c'eft le devoir du Philofophe de donner d'exactes définitions de ces
mots, pour prévenir toute erreur & toute é-
quivoque. C'eft à quoi nous ferons attention
dans la fuite, en remettant toujours devant
les yeux du Lecteur les définitions que nous
aurons données, & en jugeant des matières
conformément à ces définitions.

elle s'efface bientôt, & l'on ne se souvient plus de l'avoir eue.

Nous éprouvons de pareilles représentations dans ces songes confus, dont on ne se rappelle autre chose, sinon en général qu'on a rêvé.

Nous pouvons à bon droit attribuer de pareilles représentations à quelques Insectes, ou Vers. En effet nous remarquons que toutes leurs actions sont fort simples, & en petit nombre. Nous en concluons que leurs représentations doivent être fort obscures *. C'est pour cela qu'il ne tom-

---

* Il n'est pas à-la-vérité possible de démontrer *à priori*, jusqu'où les Animaux peuvent conduire leurs représentations; mais leur conduite & leurs actions extérieures peuvent faire juger *à posteriori*, quelle forte de représentations & d'idées on doit leur attribuer. Car les actions des Bêtes étant sans doute correspondantes à leurs idées, on peut conclure des premières à celles-ci. Effectivement, qu'on remarque les diverses actions de tel ou tel Animal; qu'on examine de quelle forte d'idées il a besoin, & quelles font celles qui lui suffisent, pour que certaines actions en naissent, & y correspondent. Si l'on trouve que toutes les actions d'un Animal font telles, qu'elles ne supposent que de simples représentations obscures,

tombe dans l'esprit de perſonne qu'un Ver ou tel autre Infeſte puiſſe exécuter ce que l'on ſe promet d'un Oiſeau, d'un Chien, d'un Cheval &c. parce qu'on voit bien que ces Inſeſtes ne ſauroient recevoir aucune idée.

Il paroit que les repréſentations ſont de la même ſorte dans les Enfans nouveau-nés. On obſerve qu'ils changent ſouvent leur ton de voix, qu'ils manifeſtent du deſir ou de l'aver-

res, on en conclura avec fondement, que ſon ame n'en a que de cette nature, & qu'elle n'eſt ſuſceptible que d'idées confuſes, & ainſi des autres. Il eſt certain qu'on ſe tromperoit fort, ſi l'on ne vouloit fonder ſon jugement que ſur une ou deux aſtions des Animaux. M is comme une ſi longue expérience, & les obſervations multipliées de tant de gens qui y ont apporté l'attention la plus exaſte, & qui ont paſſé preſque toute leur vie à épier les Bêtes, nous ont ſuffiſamment inſtruit des aſtions de toutes les Eſpèces d'Animaux, nous ſommes bien en état de porter un jugement ſolide ſur leur capacité intrinſèque, ſur l'eſſence & la conſtitution de leur ame. J'ai cru ces remarques néceſſaires, pour mettre d'avance le Leſteur au fait de la route que je veux ſuivre, en procédant à la découverte de la différence eſſentielle qu'il y a entre l'Ame Humaine & celle des Brutes.

verfion, qu'ils rient, qu'ils pleurent,
qu'ils rêvent, fuivant ce qu'on peut
conjecturer par leurs geftes, & qu'ils
font diverfes autres chofes pareilles.
Tout cela mène à conclure qu'ils ont
certaines fenfations, & par conféquent certaines repréfentations. Mais
comme ils n'en ont point de connoiffance intérieure, & qu'ils oublient
leurs idées, on voit qu'ils n'en ont a-
lors que d'obfcures & fort confufes.

LIX.

La feconde Claffe d'Idées dont
nous avons à parler, renferme celles
qui font *claires*, fans être encore bien
diftinctes. On appelle *Idée claire*, celle qui nous fait diftinguer un Objet
des autres, & qui nous met en état
de le reconnoître lorfqu'il reparoit,
quoiqu'on ne puiffe dire exactement
quelle eft fa différence propre d'avec
les autres Objets. Telles font les idées
que nous avons des Couleurs.

Ce qui c'eft qu'u-ne Idée claire, non dif-tincte.

Nous remarquons clairement qu'u-
ne Couleur diffère des autres, & nous
favons auffi nous les repréfenter fous
des idées différentes. Nous fentons
de plus intérieurement, que c'eft nous
qui voyons les Couleurs, & nous nous

en

en ressouvenons lorfqu'elles s'offrent
de nouveau à nos yeux. Avec tout
cela nous ne sommes pas en état d'exprimer les marques auxquelles nous
reconnoissons proprement les Couleurs, & qui nous servent à les distinguer entre elles. La même raison
nous empêche de les décrire, & de
les faire comprendre à ceux qui ne
les connoissent pas par expérience.
Aussi quand nous voulons donner à
quelqu'un la connoissance d'une Couleur dont il n'a point encore d'idées,
& lui exprimer en quoi elle diffère
des autres, nous n'avons d'autre moyen que de la lui montrer. En un
mot les idées que nous avons des Couleurs, sont fort *claires* à-la-vérité ;
mais elles conservent beaucoup de
confusion, & n'ont point ce qu'il
faudroit pour être censées *distinctes*.

LX.

Ce que c'est qu'u- ne Idée distincte.

Au contraire, nous nommons *Idée
distincte*, celle qui nous fait non feulement remarquer de la différence entre deux chofes, mais qui de plus nous
apprend à connoître & à désigner
les marques qui distinguent une chofe des autres. Par exemple, on a
une

idée distincte d'un Pommier,
d on fait le distinguer des autres
es d'Arbres, non seulement par
fruit, mais aussi par ses feuilles,
par le reste de sa figure. L'idée
la Sagesse est distincte, quand on
prend en quoi elle diffère non
lement de la folie, mais aussi de
fourbe & de l'artifice. Cette sorte
dées nous sert à expliquer nos pen-
s aux autres d'une manière intelli-
le. Plus nos idées sont distinctes,
s nous sommes en état de décrire
de rendre compréhensibles aux au-
s les choses dont nous avons de
telles idées. Ajoutons pourtant ici
une remarque.

LXI.

Nous n'aurions aucune idée distincte, & nous ne pourrions en communiquer aux autres, si nous n'avions
la capacité de nous former des notions universelles. Nous appellons *No-*
tion universelle, celle par laquelle nous
séparons idéalement ce que certains
Individus ont de particulier, par où
ils diffèrent les uns des autres, & ne
conservons que ce qu'ils ont de commun entre eux, pour en faire une
notion

Il n'y auroit point d'I-
dées dis-
tinctes sans les notions univer-
selles.

notion commune, fous laquelle nous
les rangeons. Par exemple , nous voyons dans un Verger divers Arbres
contigus. Tout ce que nous apper-
cevons confifte en purs individus.
Nous remarquons à-la-vérité que
ces Arbres diffèrent entre eux quant
au lieu , l'un occupant une place, l'autre une autre; quant aux di-
menfions , l'un étant grand , l'autre
petit; quant au nombre des branches,
l'un en ayant beaucoup , l'autre peu ;
& à divers autres égards de cette nature. Mais toutes ces repréféntations
ne vont pas au-delà du rapport des
fens. Si nous allons plus loin , &
que nous omettions ces idées que
nous avons acquifes par les fens fur
la différence des Individus; fi enfuite
nous comparons un Árbre avec d'autres, & que nous trouvions de la conformité dans leurs fruits & dans la figure de leurs feuilles & de leurs branches, nous les rapportons tous à une
même notion, & nous difons, par
exemple, ce font des Pommiers. Or
comme cette notion de Pommiers
renferme tous les individus de cette
efpèce qui exiftent dans tout l'Univers

vers, nous la nommons une notion
univerfelle. Il n'eft pas befoin de nous
étendre ici davantage fur la manière
dont on parvient à ces notions univerfelles, puifque nous en avons déjà parlé §§. xiii & xiv. Faifons feulement la remarque fuivante.

LXII.

Une Notion univerfelle s'acquiert
à-la-vérité par le moyen des Objets qui
tombent fous les fens, mais elle renferme pourtant quelque chofe qui va
plus loin que ce qui eft purement fenfible. Car les Objets qui frappent nos
fens font autant d'individus, féparés
les uns des autres, dont nous ne rem-
portons que l'image, par laquelle
notre ame fe les repréfente. Mais
lorfque nous formons de ces individus
une notion univerfelle, ce n'eft plus
le fimple ouvrage des repréfentations
fenfibles; c'eft une opération de l'Entendement, qui commence à conclure par la voie du raifonnement, &
qui fe diftingue par-là des actes de
pure fenfation, ou d'imagination.

*Les No-
tions uni-
verfelles
entrent
bien par
les Sens
& par
l'Imagi-
nation,
mais elles
font pro-
prement
l'ouvrage
de l'En-
tende-
ment.*

LXIII.

Cette différence fe fera aifément
fentir, fi nous faifons réflexion, qu'en

*En quoi
l'Enten-*

D   plu-

dement diffère de la Sensation & de l'Imagination.

plufieurs cas nous concevons fort bien certaines chofes, quoiqu'il foit impoffible à notre imagination de nous les repréfenter. Prenons pour exemple un Triangle. La repréfentation que nous en donne notre imagination eft parfaite. Nous en demeurons communément-là, & nous n'obfervons pas ultérieurement ce qui fe paffe en nous. Quand enfuite nous portons en nous-mêmes le jugement, que la Figure, que notre imagination nous offre, eft un Triangle, nous confondons, fans y prendre garde, notre imagination avec la faculté que nous avons de juger de la Figure qui eft repréfentée dans notre imagination. En conféquence nous attribuons à la force de celle-ci, ce qui eft réellement l'effet de la faculté & de l'opération de notre entendement. Et pour rendre cette erreur plus manifefte, qu'on pèfe ce que je vai dire. Suppofons que l'on nous préfente une Figure à mille angles, nous trouverons qu'il eft au-deffus de la faculté de notre imagination de s'en faire une repréfentation fenfible. Malgré cela, nous pouvons comprendre diftincte-

tinctement, qu'un Chiliogone est fort
possible, & tout aussi possible qu'un
Triangle. Or nous appellons la faculté, par laquelle nous nous formons de pareilles idées distinctes,
l'Entendement; & l'exemple, qui
vient d'être allégué, montre qu'il ne
faut pas le confondre avec les représentations sensibles, que la force de
l'imagination produit, mais qu'au contraire ces deux choses doivent être
soigneusement distinguées.

LXIV.

Les Notions universelles comprennent non seulement celles que nous
avons des Genres & des Espèces des
Choses Corporelles qui tombent sous
nos sens; mais nous devons y ranger
encore celles qui expriment les propriétés, soit des Corps, soit des Subs-
tances intelligentes. Telles sont, par
rapport au Corps, les notions que
nous mettons au jour, en nous servant
des mots de *grand, petit, long, large,
haut, profond, dur, mou, liquide* &c.
Quant aux propriétés d'une Substance intelligente, celles que nous appellons Vertus & Vices, trouvent ici
leur place, par exemple, *Amour*,

Ce que comprennent les Notions universelles.

Bon-

*Bonté , Grace , Miféricorde, Sageffe ,
Véracité , Patience, Longanimité , Haine,
Envie , Dureté , Impatience, Panchant
à l'avarice & au menfonge ,* & autres
femblables. Les notions de toutes ces
propriétés des Subftances intelligentes
auffi-bien que des Corps , s'acquièrent à-la-vérité par le moyen des Objets qui agiffent fur les fens ; mais la
chofe même , qui eft renfermée dans
une telle notion, ne fauroit pourtant
paffer pour quelque chofe de corporel & de purement fenfible. Par exemple , nous voyons une chofe qui a-
vance beaucoup au-delà d'une autre ,
& alors nous appellons l'une *grande*
& l'autre *petite.* Par conféquent la
notion du *grand* & du *petit* entre en
nous à la faveur de deux Objets différens qui frappent nos yeux. Néanmoins ni le *grand* ni le *petit* n'exiftent
pas proprement dans les Corps, ils ne
font que dans le jugement que nous
en portons, après les avoir comparés.
De-là vient que ce que nous appellons *grand* à un certain égard, eft dit
petit à un autre égard. Si le *grand* &
le *petit* étoient quelque chofe de corporel, qui réfidât dans les Corps mêmes

mes, une chose qui auroit été une
fois reconnue *grande*, devroit toujours passer pour telle, dans quelque comparaison qu'elle fût placée.
Mais comme cela n'a pas lieu, on
voit par-là que le *grand* & le *petit* n'ont d'autre fondement, que
la force de comparer & de juger de
notre entendement. Ce que nous
nommons Vertus & Vices rend la
chose encore plus sensible. Il est bien
certain que diverses actions extérieures de l'Homme qui tombent sous
les sens, nous fournissent occasion
d'arriver aux notions des Vertus &
des Vices. Mais la chose même qui
est exprimée par la dénomination de
tel vice, ou de telle vertu, n'est pourtant rien de corporel, qui soit du
ressort des sens; c'est un jugement que
l'entendement forme sur certaines actions. En un mot, les opérations extérieures des Vertus & des Vices affectent bien nos sens, parce qu'elles
s'exercent sur des choses corporelles,
mais les Vertus & les Vices même
ne font rien qui ait du rapport au
Corps & aux Sensations. Ce sont
des propriétés d'une Substance intel-

D 3   ligen-

ligente, qui se manifestent par certaines actions, & dont nous nous formons une notion.

LXV.

Ce qu'il faut encore ranger parmi les Notions universelles. Nous n'aurons pas tort de ranger aussi parmi les Notions universelles, toutes celles qui comprennent en général quelque action, ou passion, ou autre chose semblable. Telles sont, par exemple, ces façons de parler, *j'écris, je lis, j'enseigne, j'apprens, je veux, j'ordonne, je touche, je sens, je possède*, & mille autres pareilles. Ces notions naissent à-la-vérité à l'occasion des choses corporelles, & une partie d'entre elles représentent des actions du Corps. Cependant elles renferment toutes ensemble quelque chose d'universel, c'est-à-dire, que chacune de ces idées nous offre bien une action, ou passion singulière, mais qu'elle comprend aussi diverses sortes d'actions ou de passions, & qu'elle se fonde sur le jugement de notre entendement, qui décide à quelle sorte d'action ou de passion telle ou telle idée doit être rapportée.

LXVI.

Ce que Allons plus loin, & montrons comment

ment diverses idées, qui ne consis-
tent déjà point en représentations sensibles, mais à l'égard desquelles le jugement de notre entendement s'exerce en même tems; comment, dis-je,
ces idées se séparent encore plus des
Objets sensibles, & peuvent être d'autant moins regardées comme de pures représentations des sens. Nous
avons remarqué, par exemple, ci-
dessus §. LXIV. que nous acquérions
l'idée de la *grandeur* par le moyen
des Objets corporels, mais que cette
idée nous représente beaucoup moins
le Corps même, que le rapport des
Corps entre eux. Que faisons-nous
ensuite? Nous lions l'idée de la *grandeur*, par laquelle nous nous étions
d'abord représenté la propriété de
quelques Corps, nous lions cette
idée avec des choses qui ne sont point
du tout corporelles. Nous disons,
par exemple, celui-ci a une grande
sagesse, il y a une grande envie dans
celui-là. Ici la notion de la *grandeur*
est séparée des choses corporelles
d'où elle tire son origine, & sert à
désigner tout degré éminent de certaine propriété. De-là vient qu'une

D 4   telle

*c'est qu'u-
ne No-
tion abs-
traite.*

celle notion eft ordinairement appel-
lée *abftraite*, c'eft-à-dire, féparée.

Puifque nous en avons tant dit fur
les Idées, elles nous fourniront encore un exemple dans cette matière.
Saifir quelque chofe. eft proprement
une action extérieure du Corps, qui
s'exécute par les mains. Or comme
en faififfant une chofe avec les mains,
on la tient devant foi, & qu'on y découvre par l'attouchement certaines
propriétes, nous mettons de côté la
préfence corporelle de l'Objet,& nous
appellons *faifir* une chofe, ce que
fait notre entendement quand il fe la
repréfente, & en apperçoit la constitution. De cette manière la notion
de *faifir* une chofe, n'exprime que
la repréfentation qui s'en fait dans
notre ame.

LXVII.

Les No-
tions dis-
tinctes
ne fau-
roient fe
former
fans les
Notions
univerfel-

Il s'enfuit de tout cela, que fi nous
n'avions point de notions univerfelles
& abftraites des chofes corporelles,
nous ne pourrions nous procurer aucune idée diftincte, ni en communiquer aux autres. Nous avons montré
ci-deffus §. LX. qu'une Idée diftincte eft celle qui fait reconnoître &
défigner

défigner les marques par lefquelles *les &*
un Objet fe diftingue des autres. *abftraites.*
Concevez à préfent que l'on veuille
repaffer en foi-même, ou exprimer à
un autre, conformément à l'exemple
allégué dans le même §. les marques
qui diftinguent un Pommier d'un
Cerifier, vous trouverez qu'une partie des penfées qui naiffent, & des
mots qu'on prononce pour cet effet,
répondent à de pures idées univerfelles. Et pour achever de s'en convaincre, qu'on fafle un effai, & qu'on exprime les marques auxquelles on apperçoit qu'un tel Objet n'eft pas un
Arbre, mais que c'eft une Maifon.
Bien des gens trouveront fans doute
cet exemple ridicule; mais n'impor-
te, car nous n'avons d'autre deffein
que d'éclaicir notre Propofition, favoir que les Idées diftinctes fuppofent
des notions univerfelles. Plus vous
aurez de facilité à fournir les marques
d'un Arbre, celles d'une Maifon, &
la différence qu'il y a entre elles, &
plus vous ferez convaincu de la vérité de notre affertion.

LXXIII.

En conformité de la divifion des I- *Ce que*
D 5 dées

c'est qu'u-
ne Idée
complette
& adé-
quate.

dées faite dans le §. LVII. nous pas-
fons des idées diftinctes à une autre
Claffe d'Idées que nous avons appellées *complettes & adéquates*. On pourroit bien mettre encore de la différence entre le fens de ces deux derniers mots; mais comme elle n'inté-
reffe point le but que nous nous propofons, il nous fuffira de remarquer
qu'une Idée adéquate & complette,
demande qu'on ait de nouveau une
idée diftincte de chaque marque à laquelle on reconnoit un Objet, & qui
le diftingue des autres. On a, par
exemple, une idée adéquate & complette d'une Montre, qui marque les
heures par le cours de fon aiguille,
quand on poffède une idée. diftincte
des roues & de toutes les autres pièces dont la Montre eft compofée, de
la manière dont elles font difpofées
dans leur affemblage, & de la caufe
de cette difpofition. Au-lieu qu'on n'a
qu'une idée diftincte, & non une i-
dée complette & adéquate de cette
Montre, quand on ne fait autre chofe, finon que c'eft une machine qui
fe meut d'elle-même, & qui par le
cours régulier d'une aiguille marque
les

les heures. Comme cette notion feroit fuffifante pour diftinguer la machine d'une Montre de toute autre
machine mue par elle-même , ce feroit bien une idée diftincte ; mais
comme elle ne fait pas connoître la
conftitution des roues & des refforts,
ce ne feroit pas encore une idée a-
déquate.

LXIX.

Arrêtons-nous encore un moment
aux différentes fortes d'Idées.

Les Idées obfcures, telles que nous
les avons décrites §. LVIII, font vé-
ritablement accompagnées de certaines fenfations ; cependant elles ne
fuffifent pas pour nous faire penfer
raifonnablement. Car comment pour-
roit-on avoir des penfées raifonnables
fur des chofes qu'on fent bien en quelque manière, mais qu'on ne reconnoit pas proprement, & dont on fe
fouvient à peine. Nous en concluons
que l'Ame, tant qu'elle n'a que des
idées obfcures, n'eft pas en état de penfer raifonnablement.

*Les I-
dées obf-
cures ne
fuffifent
pas pour
penfer
raifonna-
blement.*

LXX.

Nous devons porter le même jugement des Idées qui font claires, fans

*Il en eft
de-même*

D 6   être

des Idées qui font claires, fans être diftinctes : on ne fauroit raifonner qu'avec les Idées diftinctes & les Notions univerfelles.

être diftinctes. Qu'on fuppofe que nous n'aions point d'autres fortes d'idées que celles par lefquelles nous concevons, par exemple, les Couleurs §. LIX. & qu'il ne s'y mêle aucune idée diftincte, il nous feroit impoffible de penfer d'une manière raifonnable. Par conféquent un langage raifonnable n'auroit point lieu parmi nous. Nous nous bornerions à communiquer aux autres ce que nous fentons par quelques geftes en petit nombre, ou par un changement léger dans le ton de notre voix. De-là nous tirons cette conféquence, c'eft que toute Ame, dont la faculté ne s'étend pas au-delà des idées claires, ne fauroit être cenfée raifonnable; & que quand cette Ame feroit unie à un Corps capable de prononcer des fons diftinctement articulés, on ne pourroit néanmoins s'en promettre aucun langage raifonnable. Il faut des idées d'une toute autre forte, pour penfer & parler raifonnablement. Ce font celles que nous avons nommées Idées diftinctes & Notions univerfelles. Et quand les Notions complettes & adéquates s'y joignent, on eft d'autant plus

plus en état d'avoir des penfées, &
de tenir des difcours où la Raifon fe
faffe fentir.

LXXI.

Tout ce que nous venons de dire *En quoi*
conduit à faire connoître , en quoi *confifte*
confifte l'eflence d'une Ame raifon- *l'effence*
d'une A-
nable. C'eft dans une *force repréfen-* *me rai-*
tative, mais en même tems dans une *fonnable.*
force qui eft capable de produire, non
feulement des idées claires, mais auffi des idées diftinctes, & des notions
univerfelles. Car l'eflence d'une chofe confiftant dans la manière dont elle eft poffible §. L. l'eflence d'une A-
me raifonnable doit auffi confifter dans
la manière dont il eft poffible qu'elle
penfe raifonnablement. Or comme
nous attribuons des repréfentations
actives à l'Ame raifonnable en général, §. II. & qu'il ne fauroit y avoir
d'action fi l'on ne fuppofe une force, nous devons donc attribuer à l'a-
me en général une force repréfentative. Et enfin, une Ame raifonnable
n'étant pas poffible, fi fa force repréfentative fe borne aux idées claires,
§§. LVIII & LIX. parce que pour penfer raifonnablement il faut tout au

D 7   moins

moins des idées diftinctes & des notions univerfelles, §. LX. il eft manifefte que la faculté de fe faire des repréfentations diftinctes & des notions univerfelles, appartient à l'effence d'une Ame raifonnable. Cela eft d'autant plus certain., que c'eft de-là qu'on peut déduire tout ce que nous obfervons dans une Ame raifonnable, favoir non feulement les appétits & les defirs que nous avons attribué à l'Ame en général §. 11. mais auffi la liberté, qui eft fondée fur les repréfentations diftinctes. Il feroit fort aifé de le prouver, fi cela entroit dans notre plan. Mais comme cette difcuffion feroit fuperflue, nous n'y infifterons pas.

LXXII.

De la différence entre l'Ame Humaine & celles des Bêtes.

Nous aimons mieux, avant que de paffer à la Démonftration de l'Immortalité de l'Ame raifonnable, nous attacher à faire voir la différence effentielle qu'il y a entre l'Ame de l'Homme raifonnable & celle des Bêtes. Mais comme nous ne faurions y procéder *à priori* §. LVIII. nous fommes obligés d'appeller l'expérience au fecours, de comparer entre elles les actions

actions des Animaux & celles des Hommes, & d'en tirer les conséquences convenables.

LXXIII.

Il est connu que les Animaux ont certains organes, qui servent à leur procurer des sensations. Les Quadrupèdes & les Oiseaux ont autant de sens que les Hommes. Il ne leur manque rien quant à la vue, à l'ouïe, à l'odorat, au goût, & sur-tout quant à l'attouchement. Il y a plutôt divers Animaux qui l'emportent sur l'Homme à l'égard de certains sens.

On remarque de plus dans les Bêtes, des actions qui ont quelque conformité avec celles qui procèdent de la Liberté Humaine. Elles agissent d'elles-mêmes, par leur mouvement propre, & d'une manière arbitraire. Elles se connoissent par un sentiment intérieur, se souviennent de ce qu'elles ont vu, ouï, senti, goûté, touché & fait. Quelques-unes même d'entre elles peuvent être rendues propres à certains usages.

Nous en concluons que les Bêtes ne sont point de pures Machines, comme *Descartes* l'a prétendu. Nous en

D'où l'on peut conclure que les Bêtes ne sont pas de simples Machines, mais qu'elles ont une ame.

en concluons de plus , qu'elles ont des repréſentations actives , & qu'elles ſont par conſéquent douées d'une ame.

LXXIV.

D'où l'on peut conclure que l'Ame des Bêtes eſt d'une eſpèce fort inférieure à celle de l'Homme.

L'expérience nous enſeigne que tous les Animaux en général ſont destitués de la faculté de faire des discours ſuivis & raiſonnés. On objectera peut-être que leurs différens cris forment une eſpèce de diſcours, & il eſt certain qu'on ne ſauroit le nier tout-à-fait. On doit à plus forte raiſon convenir qu'ils ont la faculté de mettre au jour par les changemens de leur voix, les ſenſations & les appétits que les Hommes expriment par la parole. Mais n'oublions pas ici une remarque néceſſaire.

La voix des Animaux ne ſauroit ſe diverſifier beaucoup. Tout au contraire l'Homme a beſoin d'un très grand nombre de mots pour parler raiſonnablement. Le Roſſignol eſt de tous les Oiſeaux celui qui varie le plus ſon chant, & ces variations vont à peine à vingt. On en obſervera difficilement plus de dix dans un Chien. Un Singe, quoique ſa figure appro-

approche beaucoup de celle de
l'Homme, & que fes actions faffent
juger qu'il a des repréfentations très
vives, un Singe, dis-je, change fort
peu les tons de fa voix. Tout cela
montre clairement, que l'Ame des
Animaux doit être d'une efpèce fort
inférieure à celle des Hommes. Mais
appliquons-nous à mettre encore la
chofe dans un plus grand jour.

LXXV.

Il y a des Oifeaux qui apprennent
certains airs, par ce moyen ils varient leur chant fort au-delà de ce
qu'ils feroient naturellement. On reconnoit ainfi, que leur langue a la
capacité de produire plus de tons, &
de les combiner en plus de manières, que leur chant naturel ne le com-
porte. Néanmoins on ne verra jamais
des Oifeaux de cette forte inventer
un nouvel air. Ils ne chantent que ce
qu'ils ont appris. Et s'ils en favent
plufieurs, ils les confondent fouvent,
& il leur arrive rarement de les fif-
fler l'un après l'autre en ordre. Il eft
manifefte par ces obfervations, que
non feulement ils font peu d'attention à ce que leur langue exécute,

*Qu'il y
a une
grande
différence
entre un
Oifeau
qui fiffle
bien, &
un Hom-
me qui
chante;
& ce qui
s'enfuit
de-là.*

te, mais que la capacité d'inventer leur manque, & que par conféquent ils ont tout au plus des idées claires, & non des idées diftinctes; car celles-ci font abfolument requifes pour trouver quelque chofe de neuf.

Au contraire, un Homme, fans avoir jamais appris la Mufique, eft pourtant capable de faire de lui-même toute forte d'airs, & de les chanter. Et tandis qu'un Oifeau peut à peine apprendre trois ou quatre airs, qu'il confond encore fouvent, comme je l'ai remarqué, & qu'il chante pêle-mêle, un Enfant de trois ou quatre ahs eft en état d'en retenir davantage, & de les chanter par ordre fans la moindre confufion; ce qu'un Oifeau ne feroit jamais, quand il vivroit cent ans & au-delà.

LXXVI.

Quelle différence il y a entre un Oifeau qui parle & un Homme; & comment il Il y a encore d'autres Oifeaux, dont la langue eft faite de manière à prononcer des paroles articulées. Un Perroquet, par exemple, apprend fouvent divers mots, tantôt féparés, tantôt liés en phrafes entières, & les prononce quelquefois fi diftinctement, que quand on ne le voit pas, on jureroit

roit que c'est la voix d'un Homme. *en résulte*
Mais cet Oiseau ne dit jamais que ce *que le*
qu'il a ouï, & il est rare qu'il l'arrange *premier*
autrement qu'il l'a appris. S'il omet *manque*
quelques mots, il met tout en con- *de no-*
fusion. Et quoiqu'il semble parler quel- *tions dis-*
quefois à propos, & tenir des dis- *tinctes &*
cours convenables aux circonstances, *univer-*
c'est pourtant l'effet d'un pur hazard. *selles.*
Car on ne trouvera point de Per-
roquet qui dispose de lui-même les
mots qu'il a appris, de manière à en
faire un discours raisonnable.

Tout au contraire un Enfant, qui
n'a encore appris que très peu de
mots, commence déjà à les ranger de
diverses manières, il s'en sert pour mettre ses idées au jour, sans qu'on ait
besoin de lui composer tous les discours qu'il doit employer pour exprimer ses pensées, ce qui seroit aussi
absolument impossible. En un mot
un Enfant d'un an & demi est plus
avancé à cet égard, qu'un Perroquet
de plusieurs années.

Or si un Perroquet avoit une ame
propre aux idées distinctes & aux
notions universelles ; pourquoi doué,
comme il l'est, du talent de la parole,

le, ne se mettroit-il jamais de lui-même à tenir des discours raisonnables? Comme la chose est sans exemple, on peut en conclure surement, que c'est la faculté de former des idées distinctes & universelles qui lui manque, & par conséquent qu'il y a une différence essentielle entre son ame & celle de l'Homme.

LXXVII.

Pourquoi l'industrie des Abeilles, des Araignées, & d'autres Animaux ne sauroit leur faire attribuer la Raison?

La même raison doit faire porter un pareil jugement du reste des Oiseaux, des Abeilles, des Araignées, & d'autres Animaux, dont les actions extérieures tiennent du merveilleux. Les Abeilles construisent les ruches, où elles déposent leur miel avec des proportions mathématiques tout-à-fait étonnantes. Les Araignées font leur toile aussi artistement, que si elles la mesuroient au compas. Les Oiseaux bâtissent leur nid d'une façon si particulière, qu'on ne sauroit assez l'admirer. Et divers autres Animaux manifestent des actions particulières fort surprenantes. On seroit tenté d'en conclure, que les Bêtes ne sauroient exécuter de pareilles choses sans une ame raisonnable. Mais il faut remar-

remarquer ici une circonstance, qui
prouve toute seule, que les actions
de ces Animaux ne doivent point ê-
tre regardées comme des fruits de
pensées raisonnables, mais qu'elles
procèdent toutes d'un certain instinct
naturel, que nous ne saurions proprement définir. Cette circonstance, c'est
que toutes les Créatures de la même
espèce font leur ouvrage de la même
manière. Les nids des Oiseaux, la
toile des Araignées, les ruches des
Abeilles ressemblent toutes les unes
aux autres. Qui en voit une, les a
toutes vues. Les Bêtes n'apprennent
point les unes des autres, & pourtant l'une fait comme l'autre. Elles
réitèrent leur besogne tous les ans
sans inventer rien de nouveau, & elles s'en tiennent toujours à la manière qu'elles ont suivi une fois.

On avouera sans peine, que cette
conformité constante dans les ouvrages de ces Créatures, dérive plutôt
d'un Instinct purement naturel, que
de l'opération de l'Entendement.
Car celui-ci est fertile en nouvelles
inventions, comme le témoignent
les

les bâtimens & les autres ouvrages des Hommes.

LXXVIII.

Qu'on prenne, par exemple, un simple Apprentif, qui a appris quelque Métier, ou quelque Art Méchanique. Il a reçu à-la-vérité les prémières directions de son Maître, mais il ne s'en tient pas-là. Il réfléchit, il fait diverses sortes d'essais, il y met du sien, & à la fin le voilà qui produit du neuf.

Souvent il arrive qu'il s'écarte entièrement des principes de son Maître, & qu'il le surpasse de beaucoup. Qui pourroit méconnoître ici la grande différence qu'il y a entre l'ame d'un Homme & celle des Brutes? Et qui ne remarqueroit en même tems que cette différence est essentielle, puisqu'une expérience constante, & journalière nous enseigne que la capacité des Animaux est tout-à-fait différente de celle des Hommes?

LXXIX.

Nous avons déjà observé ci-dessus, §§. LXXV & LXXVI. que les Bêtes, dont nous avons parlé jusqu'ici, n'ont que des idées claires, & qu'on ne sauroit leur

leur en attribuer de diſtinctes , ni *aux* Bê- des notions univerſelles. Démontrons *tes.* la même choſe des autres Eſpèces d'Animaux.

LXXX.

Il eſt certain que les actions des Bê- *Toutes* tes, tout comme celles des Hommes, *leurs ac-* ſuppoſent certaines idées qui ſe trou- *tions,* vent dans leur ame. Mais les actions *raiſonna-* des Animaux , de quelque manière *bles en* qu'ils les faſſent, peuvent être expli- *ce, peu-* quées par les Idées que nous avons *vent être* appellées claires §. LIX. & que nous *expli-* avons mis en oppoſition avec les I- *quées par* dées diſtinctes. Ces Idées dérivent *claires* des ſenſations toutes pures. Par exem- *qui procé-* ple , les Chiens de-chaſſe ſont dreſſés *dent des* à coups de fouet. La douleur que *ſens.* ces coups leur cauſent, fait une im- preſſion ſur leur imagination, ils s'en ſouviennent à la chaſſe ; & quand ils manquent à leur devoir en l'oubliant, de nouveaux coups la leur retracent. Souvent on fouette un Chien a- vant que de le mener à la chaſſe, a- fin que ces coups qu'il reçoit d'avan- ce, le rendent attentif , & lui ap- prennent à en éviter de nouveaux. Quand ce Chien eſt enſuite lâché a-

près

près la Perdrix, par exemple, son
odorat lui sert à la sentir, & sa vue
à la découvrir. Dès qu'il l'a apperçue, il seroit disposé à se jetter dessus, à la chasser, ou à aboyer, s'il ne
se rappelloit les coups qu'il a reçus en
pareil cas. Mais comme ils sont pré-
sens à son imagination, il demeure
immobile & comme tremblant. Il
lève bien un pié en l'air, parce que
l'envie de sauter le sollicite; mais il
se retourne en même tems du côté du
Chasseur, pour voir s'il n'est pas bientôt tems de satisfaire cette envie. Dès
qu'il entend le mot, ou reçoit le si-
gnal accoutumé, il s'élance & chasse
la proie. Dans tout ce qu'un Chien
nous offre ici à remarquer, il n'y a
rien qui ne soit fondé sur les pures
sensations. La vue, l'ouïe, l'odorat, l'attouchement, appartiennent
aux cinq sens. L'imagination & la
mémoire de ce qu'on a senti, sont
le fruit immédiat d'une sensation qui
est liée à une idée claire. Les desirs
naissent des sensations. Il n'y a encore
rien ici, dont l'exécution demande
la connoissance des vérités universelles, que l'on apperçoit par le moyen
des

des idées diftinctes. Et ainfi la conduite de ce Chien ne fuppofe rien au-
delà des idées claires. Ce qui fait
qu'on croit y voir davantage, c'eft
qu'on fuppofe qu'il penfe dans le même ordre que nous avons décrit fes
actions. Mais cette fuppofition n'eft
pas plus fondée, que fi nous faifions
celle d'un Arbre, qui a des penfées
comme nous, & qui agit en conformité, afin de rendre raifon par-là,
comment la fève circule dans cet arbre, comment il croît & produit des
feuilles, des fleurs & du fruit. Les
repréfentations raifonnables que nous
nous faifons d'une chofe, & la defcription que nous en donnons, n'ont rien
de commun avec la manière dont la
chofe même fe fait. Les idées par
lefquelles nous concevons l'opération
des créatures, font à-la-vérité raifonnables; mais ces opérations mêmes ne
font pas pour cela un effet de la Raifon dans les créatures. C'eft en faifant bien attention à ceci, qu'on é-
vitera toute fauffe conféquence dans
cette matière.

LXXXI.

Comme les Chiens font une des *Eclaircis.*

E   efpè-

Jemens ul-
térieurs. éfpèces d'Animaux dont les actions ont le plus d'apparence de Raifon, ajoutons quelques remarques fur leur fujet. Il y a des Chiens de chaffe, qui d'eux-mêmes apportent à la cuifine de leur Maître une pièce de gibier qu'ils ont prife. On s'en étonne, & l'on s'imagine qu'un Chien ne fauroit faire une pareille action, fans être guidé par la Raifon. Ce n'eft pourtant autre chofe qu'une opération des fens, & il n'y a pas plus lieu d'en être furpris, que de ce que font les Anes & les Rennes, dont les premiers en *Italie*, & les autres en *Finlande*, fervent à voyager, lorsque ces Animaux, fans être dirigés par perfonne, fourniffent leur courfe, s'arrêtent d'eux-mêmes à la prochaine ftation, & n'avancent pas un pas au-delà, quoi que faffent les Voyageurs pour les obliger à paffer outre.

La conduite de ces Animaux eft une pure coutume, à laquelle les fens feuls ont part; & celle du Chien de chaffe, dans l'exemple allégué, a le même principe. Ou bien ils ont une averfion naturelle pour le gibier, qui les empêche de le dévorer, ou le

fouet les a accoutumés à n'y pas toucher. An commeneement on les engage par toute forte de carefles, &
par un fréquent exetcice à porter a-
près leur Maitre à la maifon, ce qu'ils
ont pris à la chaffe. Quand ils arrivent au logis, nouvelles careffes en
leur ôtant la proie, & quelque bonne foupe pour les régaler. Moitié
coups donc, moitié careffes & bon
manger, on leur apprend à fe fouvenir de ce qui les attend en pareil cas;
& ils prennent l'habitude de livrer
toutes les fois à la cuifine le gibier,
fans qu'on les y conduife, & de leur
propre mouvement. On ne trouve
rien dans tout cela, que les feules fenfations d'un Chien ne foient capables
de produire.

Cela étant, de pareilles actions ne
demandent encore aucune idée distincte, d'où naiffent des réflexions raifonnables. Toute action, qui fuppofe de femblables idées ou réflexions,
furpaffe la capacité d'un Chien. L'expérience en fait foi vifiblement. Qu'on
effaye une fois de conduire un Chien
au point de diftinguer entre de l'Or
& du Cuivre, de l'Argent & du Cui-

vre

vre &c. pour voir s'il feroit poffible
de l'accoutumer à démêler une pièce d'or parmi un monceau de pièces
de métal, & à l'apporter feule à fon
Maitre. Ce feroit peine perdue que
de le tenter. La raifon en eft facile
à affigner. Pour diftinguer exactement l'un de l'autre divers métaux
qui ont la même couleur, il faut un
foigneux examen, une comparaifon
attentive, & la faculté de former des
jugemens, la feule force de l'imagination n'eft pas fuffifante pour produire ces effets *.

Au

* Depuis que j'ai écrit ceci, on m'a fait la
difficulté fuivante. On m'affure pofitivement,
que la Perdrix, lorfqu'elle mène fa couvée
aux champs, fi elle apperçoit quelqu'un qui
vienne droit à fes petits, elle fe met à planer
autour de lui, & fait comme fi elle ne pouvoit pas bien voler. Quand on cherche à la
chaffer, elle continue le même manège, & fe
laiffe pourfuivre affez longtems, jufqu'à ce qu'à
la fin elle s'envole. On veut conclure de-là,
que la conduite de cette Perdrix eft fondée fur
la réflexion, & qu'elle a pour but d'écarter in-
fenfiblement celui qu'elle craint, du lieu qui
recèle fa petite famille. Mais cette conféquence eft trop précipitée. On fait qu'une Poule
ordinaire même a un panchant naturel, qui

la

Au refte on doit remarquer que les
Senfations & l'Imagination n'étant
point interrompues dans les Animaux
par la réflexion & l'examen, ces affec-
tions font beaucoup plus vives en eux
que dans les Hommes. Cela fait qu'on
ne doit pas s'étonner qu'ils exécutent
à l'aide des feules Senfations, bien des
chofes où les Hommes font obligés
d'employer la Raifon.

LXXXII.

Qu'on me permette encore une *Nou-*
feule remarque fur cette matière. Il *veaux é-*
y *claircifſe-*
mens fur
le même
la porte à défendre fes pouffins de tout fon *fujet.*
pouvoir, & que pour cet effet elle s'élance à
la tête de ceux qui en approchent. Le même
panchant fe trouve dans la Perdrix. Elle vole
droit à l'ennemi pour la défenfe de fes petits.
Mais comme elle eft en même tems timide,
cela l'empêche de voler à la tête d'un homme, elle fe contente de planer autour de lui.
La peur l'oblige à s'écarter un peu de côté,
mais l'affection maternelle l'empêche de s'en-
voler d'abord tout-à-fait. Elle continue le jeu,
jufqu'à ce que la frayeur s'empare entièrement
d'elle & la chaffe. On né fauroit donc apporter cette conduite de la Perdrix, en preuve
d'une réflexion raifonnée de fa part; & elle
n'eft pas plus concluante que celle d'une Poule ordinaire, qui cherche à défendre fa couvée contre les aggreffeurs.

y a des Chiens auxquels on apprend
à danser. Si c'étoit par raison qu'ils
acquièrent ce talent, les autres Chiens,
qui les voient danser, pourroient les
imiter sans autre instruction. On sait
pourtant que cela n'arrive jamais. Un
Homme est au contraire capable d'apprendre quelque chose d'un autre sans
aucun enseignement, & de le communiquer ensuite ultérieurement. Il peut
même, en voyant faire certaine chose, en prendre occasion de penser à
de nouvelles inventions & les produire effectivement. A-t-on jamais observé rien de pareil dans les Bêtes? Il
faut donc qu'elles manquent de l'espèce d'idées requises pour l'attention,
l'imitation & l'invention. Or ces i-
dées ce font les idées distinctes & les
notions universelles. Et comme c'est
d'elles seules que proviennent les pensées raisonnables & les réflexions,
on ne sauroit donc attribuer ni les u-
nes ni les autres aux Animaux.

LXXXIII.

Réponse à une Ob- jection. Qu'on ne nous objecte point ici
l'exemple des Singes. Il est bien sûr
qu'entre toutes les Brutes, ce sont
eux qui ont le plus de disposition à
imi-

imiter les actions des Hommes, sans
qu'on les y dresse. Avec tout cela,
il n'y a aucune comparaison à faire
entre leurs actions & celles des Hommes. Toute l'imitation des Singes est
fondée sur la seule force de l'imagination. Et ce qui fait voir que la Raison n'y entre pour rien, c'est qu'il leur
arrive très souvent d'imiter à contre-
tems. Sans compter qu'un Singe,
comme tous les autres Animaux, est
incapable d'inventer quelque chose de
neuf, qu'il n'ait pas vu faire à l'Homme. Sur-tout on ne sauroit le conduire, ni aucun autre Animal, aux cal-
culs de l'Arithmétique, parce qu'ils
demandent des idées distinctes, une
attention particulière, & un mûr examen.

LXXXIV.

De tout ce qui précède, nous tirons cette conséquence, c'est que les
Bêtes, étant susceptibles de représentations actives comme les Hommes,
elles ont aussi une ame, & que cette
ame est un être simple & indivisible.
Par conséquent les Ames Humaines
& celles des Animaux sont comprises
sous un même genre, mais elles ne
Conclu-
sion de
tout ce
qui préc.
de, fa-
voir qu'il
y a une
différence
essentielle
entre l'A-
me Hu-

E 4   font

maine & celle des Brutes. font pas de la même espèce. Car la force repréfentative, qui fe trouve dans l'ame des Bêtes, ne fauroit s'élever jufqu'aux idées diftinctes & aux notions univerfelles; & les Animaux ne peuvent exécuter que ce à quoi la Nature les a deftinés, ou tout au plus certaines chofes auxquelles les Hommes les dreffent. D'elles-mêmes elles ne produifent rien au-delà. Au contraire, la force repréfentative de l'Ame Humaine eft telle, qu'elle peut acquérir des idées diftinctes, & faire des réflexions raifonnables. Dè-là vient que l'Homme n'eft pas obligé à fe borner à ce qu'il apprend d'autrui; mais la faculté de former des idées diftinctes & des notions univerfelles le met en état d'inventer, & de produire par fa propre méditation. Cette faculté, qui fe trouve dans les Hommes, manquant abfolument aux Bêtes, il y a une différence effentielle entre l'ame des uns & celle des autres; puifqu'on appelle Effence ce qui renferme la Raifon fuffifante de la poffibilité d'une chofe.

LXXXV.

LXXXV.

Après avoir montré par ordre ce que c'eſt que l'Ame en général, ce qu'eſt en particulier l'Ame raiſonnable, quelle ſorte de pouvoir on doit lui attribuer, & quelle différence il y a entre elle & l'Ame des Bêtes, il fera tems d'en venir à la Démonſtration de l'Immortalité de l'Ame raiſonnable.

Nous paſſons au point capital.

LXXXVI.

Nous avons prouvé,

1. Que l'Ame raiſonnable eſt un Etre ſimple, indiviſible, & tout-à-fait différent de la matière, §. XLVII & que par conſéquent elle eſt en elle-même incorruptible, indeſtrußible, & permanente dans ſon exiſtence.

2. Que l'Ame raiſonnable, par-là même qu'elle eſt un Etre ſimple, & qu'elle conferve ſon exiſtence, ne perd jamais ſon eſſence, §. XLIX.

3. Que l'eſſence de l'Ame raiſonnable conſiſte dans la force repréſentative, par laquelle elle peut ſe faire des idées, non ſeulement claires, mais diſtinßes, & des notions univerſelles, §. LXXI.

Démonſtration de l'Immortalité de l'Ame raiſonnable, tirée de ce qui précède.

E 5 　L'Im-

L'Immortalité de l'Ame raifonnable confiftant donc à demeurer toujours en état de fe faire des idées des chofes, par lefquelles elle puiffe penfer & juger raifonnablement, §. xxii. nous en concluons que l'Ame raifonnable eft immortelle.

Mais pour rendre tout ceci plus fenfible, réduifons-le à des raifonnemens en forme.

I. Un Etre fimple & indivifible n'eft ni Corps, ni Matière.

Or l'Ame raifonnable eft un Etre fimple & indivifible, §. xlvii.

Donc l'Ame raifonnable n'eft ni Corps, ni Matière.

II. Un Etre fimple & indivifible, qui n'eft ni Corps, ni Matière, eft en foi incorruptible & indeftructible, & conferve toujours fon exiftence, §. xlviii.

L'Ame raifonnable eft un Etre fimple & indivifible, & n'eft ni Corps, ni Matière, N°. 1.

Donc l'Ame raifonnable eft en foi incorruptible & indeftructible, & conferve toujours fon exiftence.

III. Un Etre incorruptible, indeftructible, & permanent dans fon exiftence,

tence, ne perd jamais son essence.

Or l'Ame raisonnable est un tel E-
tre, N°. II.

Donc elle ne perd jamais son essence.

IV. Un Etre qui ne perd jamais
son essence, & dont l'essence consiste dans une force représentative, par
laquelle il est capable de se faire non
seulement des idées claires, mais aussi
des idées distinctes & des notions u-
niverselles; un tel Etre demeure toujours en état de se faire des idées des
choses, par lesquelles il peut penser
& juger raisonnablement.

Or l'Ame ne perd jamais son essence, N°. III. & cette essence consiste dans la force représentative, par
laquelle elle est capable de se faire
des idées, non seulement claires,
mais distinctes, & des notions universelles, §. LXXI.

Donc l'Ame raisonnable demeure
toujours en état de se faire des choses les idées qui lui sont nécessaires,
pour penser & juger raisonnablement.

V. Un Etre qui demeure toujours
capable de produire les idées qui lui
sont nécessaires pour penser & juger

E 6   rai-

raifonnablement, eft immortel, §. xxii.
L'Ame raifonnable eft un tel E-
tre, Nº. IV.

Donc elle eft immortelle.

LXXXVII.

Objec-
tion prife
de l'état
de fom-
meil, &
de l'éva-
nouïffe-
ment.

Après avoir ainfi donné notre Démonftration de l'Immortalité de l'A-
me raifonnable, nous croyons qu'il
eft néceffaire de dégager cette Vérité de certains doutes, qu'on a coutume de lui oppofer.

On pourroit objecter que l'Expérience nous enfeigne qu'un Homme qui dort profondément, ou qui
eft évanouï, ne fe fent pas lui-même, bien loin d'être en état de penfer raifonnablement. Il femble qu'u-
ne Ame entièrement féparée du corps
par la mort, doit être beaucoup moins
en état de penfer raifonnablement;
& par conféquent qu'on ne fauroit la
regarder comme immatérielle, ni
comme immortelle.

LXXXVIII.

Prémiè-
re Ré-
ponfe.

Voici comment nous répondons à
cette difficulté. Nous avouons ce que
l'expérience prouve de l'état de l'A-
me dans un profond fommeil, ou dans
l'évanouïffement. Mais il ne s'enfuit
pas

pas de-là, que l'Ame perde en même tems la faculté de fe fentir elle-même, & d'avoir des penfées raifonnables. Nous pouvons au contraire en appeller à l'expérience même. Car elle nous fait voir, qu'au bout du tems qu'emporte le fommeil ou la foibleffe, l'Ame recommence à penfer raifonnablement, ce qui ne pourroit arriver, fi elle en avoit entièrement perdu la faculté. Il faut de plus remarquer qu'il y a une grande différence entre la poffibilité, ou la faculté de faire une chofe, & l'action même. Ce feroit s'y prendre fort mal, que de conclure de la forte : Telle ou telle chofe ne fait pas actuellement ceci, donc elle n'a pas la faculté de le faire. Et ce feroit encore pis de prétendre qu'un Etre ne fauroit exécuter une chofe en aucune manière, parce qu'il ne fauroit le faire d'une certaine façon. La même inconféquence a lieu en particulier, quand on conclut, qu'une Ame qui a paffé un certain tems fans fentir, en a auffi perdu la faculté ; ou qu'une Ame, qui à certains égards, & dans certaines cir-

cons-

conftances, ne fe fent point, ne fauroit fe fentir en aucune manière, &
dans quelques circonftances que ce
foit. Ainfi cette objection ne détruit
point ce que nous avons avancé fur
l'Immortalité de l'Ame.

LXXXIX.

Autre Réponfe. La chofe fera encore plus claire,
fi nous faifons attention aux différentes fortes d'Idées que nous avons
affignées §. LVII. & dont l'Ame raifonnable eft fufceptible. Nous avons
fait voir §. LXX. que l'on ne fauroit
penfer raifonnablement, à moins que
l'on n'ait des idées diftinctes, & des
notions univerfelles. Quand nous
manquerions un certain tems de pareilles idées, ou notions., il n'en réfulteroit nullement que l'Ame ait ceffé d'être active, & que nous n'aions
aucunes idées, pas même d'obfcures.
Nous difons & faifons mille chofes
dans la vie, dont nous ne nous ap-
percevons pas pour ainfi dire. Nous
faifons une infinité d'actions par pure
habitude, fans qu'elles procèdent du
raifonnement & de la réflexion. Dira-
t-on pour cela que de pareilles actions
ne

ne font fondées en nous fur aucune
idée?

Mais quand on prefferoit l'objection
précédente à toute rigueur, il ne s'enfuivroit autre chofe, finon que l'A-
me féparée du corps n'eft plus en
état d'avoir des idées diftinctes. Non
qu'elle ait perdu toute idée, & encore moins qu'elle foit entièrement
dépouillée de la faculté de penfer raifonnablement. C'eft ce qui fait, comme je l'ai déjà infinué, que l'objection
dont il s'agit, n'eft pas encore fuffifante pour détruire l'Immortalité de
l'Ame. Car quand il feroit vrai que
les idées claires & diftinctes de l'Ame
dépendent abfolument des organes du
corps, & ceffent par conféquent à
la deftruction de ces organes, cela ne
prouveroit autre chofe, finon que
l'Ame, tant que le corps eft mort,
demeure comme dans un profond
fommeil, & non qu'on doive la regarder comme une Ame entièrement
morte. Alors, au cas qu'il arrive a-
près la mort que l'Ame foit un jour
réunie au corps, on avouera que cette
Ame fe trouvera de nouveau en état
de

de se sentir elle-même, & de penser raisonnablement.

XC.

L'Ame peut, même après la mort, avoir des idées distinctes.

Nous pouvons répondre encore plus précisément à l'objection précédente, & montrer que l'Ame humaine, même après la mort, peut avoir des idées distinctes, & par conséquent être disposée à penser raisonnablement. Et pour l'établir d'une manière plus convainquante, il sera nécessaire de rechercher préalablement, d'où vient que l'Homme ne se sent pas dans le sommeil, ni dans l'évanouïssement.

XCI.

D'où vient que quelquefois nous ne nous sentons pas ?

En faisant attention à nous-mêmes, & à la manière dont nous pensons, nous trouverons qu'on nous accoutume dès l'enfance à revétir nos idées de certains mots, à l'aide desquels nous pensons & réfléchissons sur quelque sujet. Quand nous donnons cours à nos pensées, nous employons en même tems ces mots, & il n'en est pas autrement, que si nous parlions intérieurement à nous-mêmes. Or les mots dont un discours est composé, soit que nous les lisions, où que nous les entendions, ne sont autre chose que

que certaines repréfentations & images, qui par le fecours des yeux ou
des oreilles s'impriment dans notre
imagination. Etant donc accoutumés,
comme je l'ai dit, dès nos prémières
années, aux mots, qui réfident dans
la force de l'Imagination, il s'enfuit
que cette force fe met en action toutes les fois que nous penfons. Par
conféquent, quand quelque accident
la met hors d'état d'agir librement, &
de repréfenter clairement les images
que les mots produifent en elle, il
en réfulte que nous ne nous fentons
plus nous-mêmes, & que la faculté
de penfer raifonnablement ne fauroit
fe développer en nous.

XCII.

Si nous y penfons murement, nous
pourrons nous débaraffer en même
tems d'une autre difficulté, qu'on tire de l'état de ceux qui dès l'enfance
n'ont eu aucun commerce avec les
Hommes, d'où l'on voudroit inférer
que l'Ame n'aura plus de penfées raifonnables après la mort du corps.
On a effectivement des exemples de
la certitude desquels on ne fauroit
douter, de gens qui n'aiant jamais
été

Exemple d'un Homme élevé parmi les Ours.

été dans la Société Humaine, n'avoient point appris à parler, & qui ensuite s'étant rencontrés parmi les Hommes, & aiant acquis la parole, ne se sont plus souvenus de leur état précédent.

Connor, dans son Livre intitulé *Evangelium Medici* *, allègue un exemple de cette nature, qui mérite d'être rapporté ici. Il raconte qu'on prit dans une grande Forêt de Pologne un Enfant sauvage d'environ dix ans. Cet Enfant avoit passé toute sa vie avec les Ours, il alloit à quatre piés, grimpoit sur les arbres, & faisoit entendre une voix qui imitoit le hurlement des Ours. On eut bien de la peine à s'en saisir ; & après qu'on l'eut attrappé, il ne donna aucun signe de Raison. Il demeura pendant longtems si sauvage, qu'on étoit obligé de le tenir à la chaîne. Peu à peu pourtant il s'adoucit, & commença à parler. Lorsqu'on le questionna sur son état précédent, il ne put en rendre raison, & il paroissoit n'en avoir plus aucune idée. Jusques-là

* Art. xx. p. 133. 134.

là s'étend la Rélation que *Connor* nous
en a donnée: d'où l'on peut conclure,
qu'un Homme qui n'a jamais appris
à parler, ne fauroit fe fervir de fon
entendement,& n'eft point en état de
mettre de l'ordre dans fes penfées,
ni d'avoir un fentiment intérieur de
fon état. Malgré cela nous nous propofons de montrér ici, que cette conféquence n'eft pas jufte.

XCIII.

Pour cet effet nous remarquons,
(1) Que le récit de *Connor* renferme quelques circonftances, d'où
l'on peut inférer que cet Enfant, lorsqu'il étoit encore dans fon état fauvage, doit avoir eu quelques idées
non feulement obfcures, mais auffi
claires. Il favoit mettre de la différence entre les Ours avec lefquels il
vivoit, & les autres Animaux; il con-
noiffoit ces Ours & les diftinguoit des
Hommes, de la préfence defquels il
s'éloignoit. On ne fauroit douter non
plus, qu'il n'ait eu fon gite ordinaire,
comme les Ours. Par conféquent il
faut lui attribuer la mémoire. Plus
encore, il devoit auffi fentir qu'il é-
toit

Remar-
ques fur
cet Exem-
ple.

toit celui qui avoit vu précédemment les Ours, & que ce gîte étoit celui qu'il s'étoit préparé, & dont il fe fervoit de tems en tems. Par confé-quent on ne fauroit lui refufer ce qu'on a coutume d'appeller *Penfées.* Voyez §. ix.

(2) Nous ne faurions à-la-vérité di-re avec certitude, fi cet Enfant, tant qu'il a été fauvage, a eu des idées, non feulement claires, mais diftinc-tes, telles qu'il en faut pour penfer raifonnablement, & s'il n'a pas ef-fectivement raifonné à fa manière. L'hiftoire du fait ne nous fournit aucunes circonftances qui favorifent l'affirmative ou la négative. A bon compte on ne fauroit nier que fon ame n'ait eu la faculté effentielle de penfer raifonnablement, puisqu'au bout de quelque tems il apprit à par-ler raifonnablement. Voyez §. viii.

(3) Mais on objecte, d'où vient que cet Enfant, depuis qu'il fut ap-privoifé, & qu'il eut commencé à parler, ne fe rappella plus fon état précédent, & fembla n'en avoir ab-folument aucune idée? A cela je ré-pons, que ce feroit une conféquence
pré-

précipitée , fi l'on vouloit conclure
ainfi : Cet Enfant n'a pu exprimer
fon état précédent par le moyen des
termes qu'il avoit nouvellement appris : Donc il ne s'en fouvenoit plus
du tout. Nous venons de faire voir
N°. I. que cet Enfant n'avoit point
manqué d'idées claires, dont il avoit
une connoiffance intérieure. Mais
comme ces idées n'avoient jamais été
revétues chez lui d'aucuns mots, il
n'eft pas furprenant qu'après avoir appris une langue, il n'ait pas été capable de lier fes anciennes idées a-
vec les termes récemment appris.
De-là vint que ne pouvant exprimer
fon état précédent dans la langue
qu'on lui avoit enfeignée, il en per-
dit le fouvenir. Mais fi l'on avoit pris
certaines précautions, & que, dès
que cet Enfant laiffa entrevoir quelque lueur de raifon, on l'eût rame-
né à la place où il avoit été pris, peut-
être auroit-on remarqué à fes actions
qu'il fe rappelloit ce lieu, & qu'il
reconnoiffoit fon ancienne tanière.
Cela feul auroit été fuffifant pour
convaincre tout le monde que cet Enfant, même dans fon état fauvage,
n'avoit

n'avoit pas vécu sans idée, & qu'il se rappelloit encore actuellement sa situation antérieure.

(4) Mais pour mettre la chose dans un plus grand jour, je veux encore me servir d'un exemple, pourtant avec cette restriction, qu'on ne l'étendra pas plus loin qu'il ne faut, & qu'on demeurera dans les termes de la comparaison dont il s'agit. Qu'on suppose qu'un Philosophe Européen se trouve chez les Hottentots, & qu'il apprenne leur langue. Si ces Peuples le prioient de leur enseigner tout ce qu'il sait de Philosophie, lui seroit-il possible de les satisfaire ? La langue des Hottentots manque des termes dont un Philosophe a besoin pour revêtir ses idées philosophiques. Il faudroit donc, ou qu'il apprit aux Hottentots sa propre langue, ou qu'il fît de nouveaux mots suivant l'analogie de leur langage, & que par toutes sortes de circonlocutions il travaillât prémièrement à leur faire entendre quelles idées ils devroient attacher à ces mots. Je n'ai garde de vouloir comparer cet Enfant sauvage avec un Philosophe, &

ceux

ceux qui le prirent & l'apprivoiſèrent
avec les Hottentots ; mes vues ne s'é-
tendent qu'à tirer la conſéquence ſuivante. C'eſt qu'il eſt poſſible d'avoir
des idées, ſans être en état de les exprimer dans telle ou telle langue.
Par conſéquent on ne ſauroit conclure
d'une manière abſolue qu'on n'a aucune idée d'une choſe, de ce qu'on
ne ſauroit l'exprimer & la faire comprendre à tous les hommes dans leur
langue propre. Or cela étant ainſi, il n'eſt pas ſurprenant qu'un homme, qui n'avoit jamais appris aucune langue, & qui par conſéquent
n'étoit pas accoutumé à revêtir ſes
idées de certains mots, n'ait pas été
capable, après avoir appris une nouvelle langue, de mettre les anciennes
idées au jour par le moyen des mots
ordinaires de ſon nouveau langage.
Et ainſi on ne ſauroit non plus conclure abſolument de cette impuiſſan-
ce, que cet homme n'ait jamais eu
auparavant de penſées raiſonnables.

XCIV.

Eclairciſſons encore ce ſujet par
un autre exemple, que nous fournis-
ſent les *Mémoires de l'Académie des*
Scien-

Exem-
ple d'un
Homme

ní sourd
& muët.

Sciences de Paris de l'an 1703. Voici
comment Mr. *de Fontenelle* le rapporte *.

„ Mr. *Félibien*, de l'Académie des
„ Inscriptions, fit savoir à l'Acadé-
„ mie des Sciences un évènement sin-
„ gulier, peut-être inouï, qui venoit
„ d'arriver à *Chartres*. Un Jeune-hom-
„ me de 23 à 24 ans, fils d'un Artisan,
„ sourd & muët de naissance, com-
„ mença tout d'un coup à parler, au
„ grand étonnement de toute la vil-
„ le. On sut de lui, que quelques
„ trois ou quatre mois auparavant,
„ il avoit entendu le son des cloches,
„ & avoit été extraordinairement sur-
„ pris de cette sensation nouvelle &
„ inconnue. Ensuite il lui étoit sor-
„ ti une espèce d'eau de l'oreille
„ gauche, & il avoit entendu par-
„ faitement des deux oreilles. Il fut
„ trois ou quatre mois à écouter
„ sans rien dire, s'accoutumant à
„ répéter tout bas les paroles qu'il
„ entendoit, & s'affermissant dans
„ la prononciation & dans les idées
„ attachées aux mots. Enfin il se
crut

* P. 22. & 23. de l'Edit. d'Amst. 1707.

„ crut en état de rompre le filence,
„ & il déclara qu'il parloit, quoique
„ ce ne fût encore qu'imparfaitement.
„ Auffi des Théologiens habiles l'in-
„ terrogérent fur fon état paffé, &
„ leurs principales queftions roulé-
„ rent fur Dieu, fur l'Ame, fur la
„ bonté ou la malice morale des Ac-
„ tions. Il ne parut pas avoir pouffé
„ fes penfées jufques-là. Quoiqu'il fût
„ né de parens Catholiques, qu'il
„ affiftât à la Meffe, qu'il fût inftruit
„ à faire le figne de la Croix, & à
„ fe mettre à genoux dans la conte-
„ nance d'un homme qui prie, il
„ n'avoit jamais joint à tout cela au-
„ cune intention, ni compris celle
„ que les autres y joignoient. Il ne
„ favoit pas bien diftinctement ce
„ que c'étoit que la mort, & il n'y
„ penfoit jamais. Il menoit une vie
„ purement animale, tout occupé des
„ objets fenfibles & préfens, & du
„ peu d'idées qu'il recevoit par les
„ yeux. Il ne tiroit pas même de la
„ comparaifon de ces idées, tout ce
„ qu'il femble qu'il en auroit pu ti-
„ rer. Ce n'eft pas qu'il n'eût natu-
„ rellement de l'efprit; mais l'efprit
                    F   „ d'un

„ d'un homme privé, du commerce
„ des autres, est si peu exercé & si.
„ peu cultivé, qu'il ne penfe qu'au-
„ tant qu'il y eft indifpenfablement
„ forcé par les objets extérieurs. Le
„ plus grand fond des idées des hom-
„ mes eft dans leur commerce réci-
„ proque.

XCV.

*Remar-
ques &
confé-
quences
de Mr.
de Fonte-
nelle.*
Comme Mr. *de Fontenelle* ne s'eft
pas contenté de rapporter le fait, mais
qu'il y a joint fon propre jugement,
on nous permettra d'accompagner
l'un & l'autre de nos propres remarques.

Il prétend que ce Sourd n'avoit jamais produit fes actions extérieures
par réflexion; & il lui femble n'avoir
jamais étendu fes idées jufqu'aux matières fur lefquelles les Théologiens
l'interrogérent, favoir fur fon état précédent, fur Dieu, fur l'Ame, & fur
la moralité des Actions Humaines. Il
eft même dans la penfée, que cet
Homme n'avoit jamais eu l'idée de la
mort, parce qu'il ne put pas exprimer d'une manière diftincte, ce que
c'eft proprement que la mort, & que
par conféquent il avoit mené une vie
pure-

purement animale. Telle eſt l'opinion
de Mr. *de Fontenelle*, d'où il paroit
tirer cette conſéquence, qu'un Homme né ſourd & muët n'a pas l'uſage
de la Raiſon, & qu'il ne fait pas une
véritable attention à ſon propre état
& à ſes actions. Mais comme je ne
ſaurois me perſuader, que le jugement de Mr. *de Fontenelle* dans cet-
té occaſion ſoit bien fondé, & que de
plus j'ai trouvé bien des choſes à ob-
ſerver dans l'examen que les Théologiens firent de cet Homme, je vai
repaſſer plus attentivement ſur toutes
les circonſtances de ce fait.

XCVI.

(1) On ne ſauroit nier, que ce *Obſer-*
Sourd n'ait eu une ame raiſonnable, *vations*
c'eſt-à-dire, une ame qui renfermoit *de l'Au-*
les principes univerſels, d'où décou- *teur.*
lent toutes les penſées raiſonnables,
& les conſéquences; qui de plus avoit
la faculté de ſe former des idées distinctes; & qui enfin étoit en état d'acquérir les idées de ces choſes qui ne
tombent pas ſous les ſens, & dont
nous avons parlé § §. XIII. XV. & LXIV.
car, ſans cela, il n'auroit pas pu
apprendre à parler raiſonnablement.

(2). Mr. *de Fontenelle* nous apprend
lui-même, que ce Sourd & Muët, a-
près avoir acquis l'ufage de l'ouïe, ne
fe mit pas d'abord à un jargon informe, mais qu'il écoutoit attentivement
ce que difoient les autres, & le ré-
pétoit tout doucement pour lui-même, jufqu'à ce qu'à la fin, au bout de
trois ou quatre mois, il commença
à parler, quoique d'une manière
encore fort imparfaite. Nous faifons
là-deffus une double remarque. La
prémière, c'eft que ce Sourd, avant
que d'avoir eu l'ouïe & la parole, devoit faire une attention fort exacte à
lui-même & à fon propre état, auffi-
bien qu'à la conduite des autres, quoique Mr. *de Fontenelle* foit d'une o-
pinion toute contraire. Car s'il avoit
vécu au jour la journée, fans aucune
attention particulière, dès qu'il auroit
entendu parler, il fe feroit fervi de fa
langue, qui n'avoit aucun défaut naturel, pour former toutes fortes de
tons informes, parmi lefquels il auroit mêlé quelques mots au hazard.
Mais comme il n'en fit rien, & qu'il
s'abftint de parler, jufqu'à ce qu'a-
près avoir entendu les autres trois ou
                                      quatre

quatre mois, il fe crut en état de parler de manière à être compris ; c'éft
une marque affurée, que tout fourd
qu'il étoir, il avoit fort bien remarqué qu'il fe trouvoit chez les autres
une faculté dont il étoit deftitué ; &
par conféquent qu'il avoit comparé
fon état avec celui du refte des hommes, & avoit donné de l'attention à
l'un & à l'autre. Ma feconde remarque, c'eft que notre Sourd aiant appris à parler, fans que perfonne lui
expliquât les mots qu'il entendoit, il
avoit d'avance en foi toutes les idées
requifes pour parler raifonnablement,
deforte qu'après avoir acquis l'ouïe,
il n'eut befoin que de faire attention
aux mots dont il faloit revétir fes i-
dées. Car les mots étant des fignes
arbitraires, qui n'ont aucune liaifon
naturelle & néceffaire avec la chofe
fignifiée, il auroit été tout-à-fait impoffible que de pareils mots produifif-
fent dans l'ame des idées toutes nouvelles, dont il n'y eût eu aucune tra-
ce antérieure.

(3) L'hiftoire rapporte, que le
Sourd parloit dans les commence-
mens d'une manière très imparfaite.

Il.

Il n'y a aucun fujet de s'en étonner. Car aiant acquis l'ufage de la parole d'une façon tout-à-fait inopinée & fubite, fans y avoir été dirigé par qui que ce foit, il n'étoit pas poffible qu'il poffédât d'abord la langue toute entière. C'eft ce qui rend d'autant plus furprenant, que les Théologiens l'aient d'abord queftionné fur toutes fortes de fujets Théologiques, & qu'ils aient prétendu qu'il devoit répondre fuivant leurs idées, dans un tems où il comprenoit à peine la moitié de la langue. Car ce fut la même année que le Sourd commença à parler, qu'on lui fit fubir cet interrogatoire, & que Mr. *de Fontenelle* en communiqua la rélation au Public.

(*A*) Quand on examine les queftions mêmes qui furent propofées au Sourd, on les trouve telles que plufieurs perfonnes qui ont appris à parler dès l'enfance, ne pourroient y répondre parfaitement. Qu'on demande, par exemple, à la plupart des *Païfans*, & à bien d'autres perfonnes qui fe croient beaucoup plus habiles, ce qu'elles penfent de Dieu, & comment elles définiroient leur ame, on verra éclóre

éclôre bien des idées très imparfaites.
Comment a-t-on donc pu croire, qu'un
Homme, qui savoit à peine parler,
seroit en état de répondre sur la moralité des bonnes & des mauvaises Actions; tandis qu'il ignoroit encore quelles idées étoient jointes à ces mots?
Il auroit falu tourner les questions sur
toutes ces matières, d'une façon as-
sortissante à l'état actuel de cet Homme, si l'on avoit voulu découvrir quelles idées il s'étoit formé auparavant
de toutes ces choses. Par exemple,
quand on l'interrogeoit sur la moralité des bonnes & des mauvaises Actions, il ne savoit assurément ce
qu'on vouloit de lui. Mais en lui de-
mandant, s'il auroit été content qu'on
lui eût donné un soufflet, il auroit sans
doute répondu négativement. Si ensuite on y eût ajouté s'il croyoit juste
d'en donner un à une personne qui ne
vous a rien fait, sa réponse auroit été
de nouveau négative, & il auroit montré par là, qu'il connoissoit à sa manière cette Régle d'Equité naturelle, *que
nous ne devons pas faire à autrui ce que
nous ne voudrions pas qu'on nous fît.*

(5) L'histoire dit encore, que le

F 4   Sourd

Sourd apprit à parler fans inftruction,
& par le feul fecours de l'ouïe. Or
un difcours raifonnable renferme deux
fortes de chofes, les unes qui tombent fous les fens, les autres qui n'y
tombent pas, & qui font pourtant
néceffaires pour la liaifon d'un pareil
difcours Notre-Homme aiant appris
à parler de lui-même, doit donc avoir
compris la fignification des mots qui
expriment ces deux fortes de chofes.
Il a d'abord remarqué, quels mots ex-
primoient les Objets qui tomboient
fous fes fens, que l'un fignifioit un
Homme, un autre un Chien, un troifième une Table, une Chaife, un
Banc, un Miroir &c. Les mots qu'il
apprenoit, ne lui donnoient pas les
idées de toutes ces chofes; il avoit déjà
acquis ces idées par les fens, & il ne s'a-
giffoit que de remarquer à quels mots
il faloit les attacher. C'eft ce que perfonne ne niera. Mais que dire de ces
chofes qui font abfolument néceffaires,
pour penfer & parler raifonnablement,
& qui ne fe trouvent pourtant nulle
part hors de nous, bien loin qu'elles
frappent nos fens, comme les Objets
corporels? Telles font toutes celles
que

que nous exprimons par des Adverbes & des Conjonctions, par exem-
ple, *&*, *fi*, *pourquoi*, *bien que*, *donc*,
mais, & cent autres. Il eft impoffible que le fon externe de tous ces
mots imprime par une force naturelle
dans l'efprit l'idée des chofes qui y
répondent, car autrement un homme
entendroit toutes les langues fans Maître. Les chofes que ces mots expriment ne font non plus aucun des Objets corporels qui affectent nos fens,
& pourtant perfonne fans leur fecours
ne fauroit penfer & parler d'une manière raifonnable. En pefant bien tout
cela, on fera facilement convaincu,
que le Sourd poffédoit effectivement
d'avance les idées de toutes les chofes qu'expriment les mots indiqués ci-
deffus, & que par conféquent il étoit,
dès le tems de fa furdité, capable de
penfer raifonnablement à fa manière,
& de lier fes idées enfemble d'une manière convenable.

(6) Il eft aifé de comprendre, pourquoi un Homme fourd & muët de
naiffance, qui n'apprend à parler qu'à
un certain âge, ne fauroit bien exprimer fes idées précédentes. Car il

faut

faut concevoir que penfant fans le fecours des mots, il avoit en un inftant
plufieurs idées, pour lefquelles il nous
faut un certain tems avant que nous
puiffions les mettre au jour par ordre à la faveur des mots. Il y a des
gens, qui bien qu'ils aient appris à
parler, ne fauroient ranger fur le
champ leurs idées d'une manière convenable, les revétir des mots qui les
expriment, & les produire ainfi par
ordre. Nous pouvons alléguer ici notre propre exemple. Nous apperce-
vons fouvent d'un coup d'œil plufieurs
chofes qui demandent de la peine &
du tems, avant que nous leur aions
adapté les mots convenables, & que
nous puiffions les propofer aux autres
d'une manière intelligible. Plus les
idées fe fuivent rapidement, plus elles comprennent de chofes à la fois,
& moins on eft en état de les exprimer par des termes, quoiqu'on ait
appris à parler dès l'enfance. Ainfi
faut-il s'étonner, qu'un Sourd, qui
par-là-même qu'il penfoit fans l'aide
des mots, avoit penfé de tout tems
beaucoup plus vite que nous; que ce
Sourd, dis-je, après avoir appris une
lan-

langue, n'ait pas bien pu décrire
fon état précédent, ni exprimer fes
anciennes idées ? Mais qui pourroit
en conclure à bon droit, qu'il n'avoit
eu auparavant aucune idée raifonnable ? D'où vient donc que nous ne
pouvons nous rappeller que très peu,
ou point du tout, les idées que nous
avons eu à l'âge de deux ou trois ans,
quoique dès lors nous aions commencé à parler, & qu'on puiffe juger par
les actions des Enfans de cet âge,
qu'ils penfent même raifonnablement.
Qu'on en cherche quelle raifon on
voudra, elle fervira toujours à faire
comprendre aifément qu'il n'eft pas
furprenant, qu'un Sourd, qui après
avoir paffé les années de l'enfance,
acquiert l'ouïe, & par fon moyen
l'ufage intelligible de la parole, ne
fache pas décrire diftinctement tout
fon état précédent. Un Enfant, dont
les organes ne font pas encore bien
formés, n'a pas des fenfations auffi
exactes, que celles qu'il éprouve dans
la fuite, lorfque ces mêmes organes
ont acquis toute leur perfection. Puis
donc que les fens d'un Enfant fe for-
tifient beaucoup, & lui procurent les

F 6   idées

idées diſtinctes des choſes, qu'il n'a
voit apperçues auparavant que d'une
manière ſuperficielle ; il en réſulte fort
vraiſemblablement, que les Enfans
devenus hommes, oublient leur état
précédent, parce qu'ils ſont occupés
actuellement d'un beaucoup plus grand
nombre d'idées. Un Homme qui n'a
jamais entendu, & qui commence à
entendre, ſe trouve tout rempli de
nouvelles ſenſations, & en même tems,
de nouveaux deſirs, deſorte qu'il ne
faut pas s'étonner que l'idée de ſon
état précédent s'obſcurciſſe en lui.
Qu'on s'imagine qu'un Homme fait
acquière tout à la fois une vue ſi perçante, qu'il découvre diſtinctement
tout ce que nous voyons par les meilleurs verres ; qu'il ait auſſi un odorat
aſſez ſubtil, pour diſtinguer exactement les exhalaiſons de tous les objets qui nous environnent ; & enfin
que ſon ouïe devienne d'une ſubti-
lité à s'appercevoir des ſons les plus
légers ; croyons-nous qu'un pareil
Homme, affecté de tant de nouvelles
ſenſations, conſervât beaucoup de
ſouvenir de ſon état précédent ? J'en
conclus que l'acquiſition d'un nouveau
ſens,

fens., comme de l'ouïe dans un Sourd-
né,, y apporte une fi grande quantité
de nouvelles fenfations, que fa manière précédente de penfer s'obfcur-
cit prefque entièrement en lui.

(7) Suivant la rélation, notre Sourd,
près avoir appris à parler, raconta
u'en entendant la prémière fois le
on des Cloches, cette fenfation,
oute nouvelle & inaccoutumée, l'a-
it jetté dans un grand étonnement,
ela prouve d'une façon manifefte,
'il fe fouvenoit de fon état précé-
nt, & qu'il favoit mettre de la dif-
ènce entre cet état & celui où il
trouvoit depuis l'acquifition de
ïe. Et il eft fort probable, qu'il
oit pu dans la fuite expliquer les
cipes de la plupart de fes actions
cédentes, fi l'on ne s'étoit trop
é de le queftionner, où fi l'on a-
proportionné les demandes à fa
acité actuelle.

(8) Enfin Mr. *de Fontenelle* croit
e cet Homme, tant qu'il eft de-
euré fourd & muët, n'a pas fu dis-
nctement ce que c'eft que la mort,
& n'y a jamais penfé. Tout cela ne
s'accorde pas bien enfemble. Mr. *de*

Fontenelle n'ose avancer, que cet Homme n'a point eu du tout d'idée de la mort. Il se contente de dire simplement, *il ne savoit pas bien distinctement ce que c'étoit que la mort.* Quand on le lui accorderoit, en voulant dire par-là, que ce Sourd, après avoir acquis la parole, ne fut pas d'abord en état de donner une définition exacte de la mort, je ne sai pas encore comment Mr. *de Fontenelle* peut en conclure, qu'il n'y avoit jamais pensé. Il avoit sans doute vu mourir des personnes, & su qu'on les enterroit. Quel fondement a-t-on donc de s'imaginer, qu'il n'avoit jamais pensé à sa propre mort?

Il me seroit aisé de faire un plus grand nombre de remarques sur ce cas, mais je pense que les précédentes suffisent, pour montrer, d'un côté, que l'examen du prémier état de ce Sourd ne fut pas fait avec assez de précaution; & de l'autre, que la conséquence, que prétendent en tirer Mr. *de Fontenelle*, & *Bayle* dans sa *Réponse aux Questions d'un Provincial* *, est destituée de fondement.

XCVII.

_____

* **T. IV.** c. 16.

XCVII.

Par les observations que nous avons faites jusqu'à présent, & en particulier par l'exemple du Sourd de *Chartres*, N°. V. nous avons montré, qu'un tel Homme a non seulement un sentiment intérieur de lui-même, & par conséquent des pensées; mais aussi qu'il pense sans l'aide des mots. Il possède de plus les idées par lesquelles nous lions & nous séparons les choses dans notre esprit, & qui sont indispensablement requises pour penser raisonnablement. Ces observations étant propres à lever les difficultés que nous avons indiquées §. xcii, & à nous conduire à d'autres vérités, arrêtons-nous encore un peu sur cet article.

Cet exemple sert à lever les difficultés sur l'état de l'Ame après la mort.

XCVIII.

Il est notoire qu'on ne sauroit s'entretenir qu'à l'aide des gestes & des signes avec ceux qui sont nés sourds & muëts. Cela étant, il faut supposer l'une ou l'autre de ces deux choses. Ou le Sourd, qui cherche à se rendre intelligible, lie ses pensées avec certains signes, qu'il choisit arbitrairement, & qu'il répète si souvent,

Un Homme né sourd & muët, qui se fait entendre par des signes, doit avoir les idées distinctes

vent,

requifes pour pen-fer rai-fonnable-ment.

vent, qu'à la fin nous entendons ce-qu'il veut dire par-là, & à notre tour nous lui découvrons nos penfées par l'imitation des mêmes geftes. Ou bien nous choififfons nous-mêmes à notre gré des fignes, que nous réité-rons jufqu'à ce que le Sourd comprenne notre penfée, & nous faffe con-noître par d'autres fignes qu'il nous entend. Lequel des deux qui arri-ve, ni l'un ni l'autre n'eft pos-fible, à moins que ce Sourd n'ait tout comme nous les idées diftinctes re-quifes pour penfer raifonnablement. Si le Sourd eft l'auteur & l'invénteur des fignes par lefquels il fe fait enten-dre, c'eft autant que s'il découvroit une nouvelle langue; car les fignes tiennent chez lui la place des mots. Or comment feroit-il poffible d'in-venter un nouveau langage, fi l'on n'avoit point d'idées diftinctes, & fi l'on ne pouvoit penfer raifonnable-ment? Si c'eft nous qui par des fignes arbitraires, auxquels le Sourd n'eft pas accoutumé, nous faifons enten-dre à lui, comme l'expérience enfei-gne que cela arrive en plufieurs ma-nières, on fera également obligé de

fup-

suppofer les mêmes chofes dans le
Sourd. On pourroit objeƌer qu'il en
eſt de ceci, comme d'une Bête que
l'on dreſſe à exécuter certaines choſes à des ſignes marqués. Et comme
nous avons avoué §. LXXX, que de
ce qu'une Bête a effeƌivement des
penſées, on ne ſauroit en conclure
qu'elle ait des penſées raiſonnables;
on dira que c'eſt ſans fondement que
nous en attribuons de telles à un Homme né ſourd & muët, ſous prétexte
qu'on lui fait comprendre certaines
choſes pas ſignes. Mais quiconque
aura eu occaſion de voir, combien
de chofes on peut faire comprendre
à un Sourd par les ſeuls ſignes, juſques-là qu'il eſt poſſible de le conduire à mettre ſes penſées au jour par
l'écriture, & même par une ſorte de
parole; quiconque, dis-je, aura été
témoin de tout cela, ſera aiſément
conƲaincu, que les ſeules idées claires qui ſe trouvent dans les Bêtes que
l'on dreſſe, ne ſuffiſent pas ici, mais
qu'un pareil Sourd doit avoir des i-
dées diſtinƌes & des penſées raiſonnables. Ajoutons encore quelques remarques là-deſſus.

XCIX.

XCIX.

Quand on a dreffé une Bête, on
peut à la vérité lui faire exécuter par
certains fignes extérieurs les actions
auxquelles elle a été dreffée. Mais
cette Bête ne change rien du tout à
fes opérations, & agit une fois comme l'autre. On reconnoît par-là, que
les actions d'une Bête ainfi dreffée,
ne fuppofent point de réflexion, &
que la feule imagination, dans laquelle on fait de fortes impreffions
par les fignes extérieurs fouvent réi-
térés, & par les coups qu'on y joint,
eft l'unique fondement de toute leur
conduite. Au contraire, quand
on fait comprendre à un Homme né
fourd & muet par certains fignes,
qu'il doit, par exemple, faire attention à telle ou telle chofe, c'eft enfuite l'affaire de fa propre réflexion
d'appliquer ce qu'il a remarqué à divers cas, dont on ne l'avertit point
d'avance. Il eft manifefte par-là qu'u-
ne Bête dreffée à certains fignes, ne
fauroit être mife en comparaifon avec
un Homme né fourd & muet, auquel on fe fait entendre par fignes.

De plus, quand on s'entretient a-
vec

vec un Sourd par fignes, on lui montre pièces par pièces les principales chofes qu'on veut lui faire comprendre; mais on ne fauroit lui faire connoître par la même voie les idées qui fervent à lier les chofes qu'on lui a défignées, pour en former un difcours raifonnable; il faut qu'il produife lui-même ces idées dans fon efprit. Par exemple, on veut lui faire comprendre, que l'on fe propofe de partir demain, & de revenir dans huit jours, & qu'en attendant il doit prendre garde à la maifon: tout ce difcours ne renfermera que fept fortes de geftes ou de fignes, favoir, ceux qui expriment le lendemain, foi-même, le voyage, le nombre des jours de l'abfence, le retour, le Sourd, & le foin qu'on demande de lui. Tous ces fignes, comme on l'a infinué, ne font que des pièces détachées, qui ne tiennent point enfemble, & dont la liaifon dépend de certaines idées raifonnables foufentendues. Car fi l'on fe fervoit de mots pour exprimer ces fept fignes, cela feroit, *demain, moi, partir, huit jours, revenir, toi, prendre garde.* Si on laiffoit ainfi ces mor-

ceaux

ceaux defunis, & qu'on ne penfât
rien au-delà, il n'en réfulteroit quoi
que ce foit de lié & d'intelligible.
Puis donc que le Sourd, à l'aide de
ces feuls fignes détachés, comprend
parfaitement la penfée d'un autre, c'eft
une marque affurée qu'il a encore des
idées particulières, dont on ne lui a
donné aucun figne, & qu'il s'en fert
pour rendre le difcours entier intelligible; favoir de celles de *vouloir*,
être, & de *voir*. Car fi l'on n'ajoute
pas les idées que ces mots expriment,
tous les autres fignes ou termes ne
donnent pas un fens fuivi. Les fignes
précédens repréfentent tous des chofes qui font pour la plus grande partie corporelles, & qui tombent fous
les fens. Mais les idées qui fervent à
lier ces fignes pour en faire un difcours
intelligible & raifonnable, ne renferment aucun objet corporel & fenfible. Si donc les Sourds ont de pareilles idées, il eft clair d'un côté que
leur ame ne fe borne pas aux pures
repréfentation fenfibles, mais qu'elle
a auffi les idées diftinctes néceffaires
pour penfer raifonnablement; & de
l'autre, qu'il fe trouve encore chez
eux

eux une forte d'idées qui n'eft attachée, ni aux mots, ni aux fignes extérieurs. Ce dernier article eft évident
par l'idée diftincte que les Sourds ont
des chofes qu'expriment les mots *vouloir*, *être* & *devoir* &c. chofes qui ne
font ni corporelles, ni fenfibles, &
à l'égard defquelles les Sourds font
privés du fecours des mots. Il en réfulte encore manifeftement, que la
capacité effentielle d'un Homme né
fourd & muët s'étend jufqu'à une forte d'idées à laquelle aucun Art ne
fauroit conduire les Bêtes que l'on
dreffe. On perdroit inutilement fes
peines à vouloir faire comprendre à
un Animal, ce que c'eft que le *lendemain*, ou ce qui arrivera dans huit
jours.

C.

Eclairciffons tout ceci par un autre
exemple. C'eft Mr. *Le Maître*, ci-
devant Pafteur de l'Eglife Françoife
de *Schwabach*, qui nous le fournit
dans la *Bibliothèque Germanique* *. Il y
fait mention d'un Boulanger nommé
Weifs, établi à *Berne*, & fourd &
muët

Autre exemple.

* T. XXIII. p. 36.

muet dès l'enfance. Cet Homme s'a-
mouracha d'une fille, & voulut l'é-
pouser. Les parens de la fille firent
d'abord beaucoup de difficultés, sous
prétexte que ce Sourd n'étoit pas capable de conduire ses affaires. La
cause fut portée devant le Consistoire Suprème, & discutée à fond. Le
Galant fut trouvé aussi sensé & aussi
raisonnable, que s'il avoit eu l'ouïe &
la parole. On apprit avec beaucoup
de surprise, que depuis longtems il
exerçoit sa profession, & prenoit toutes les précautions nécessaires avec les
Païsans & les Meuniers. Il connoissoit toutes les monnoies courantes ;
il tenoit des comptes très exacts, &
se servoit pour cela de Tablettes, sur
lesquelles il faisoit une sorte de chif-
fres, qu'il n'y avoit que lui qui con-
nût. De cette manière il ne faisoit
tort à personne, & ne souffroit point
qu'on lui en fît. Du reste il donnoit
des marques d'une grande sagesse, &
menoit une vie très régulière. Toutes ces circonstances engagérent le
Consistoire à lui accorder la fille avec
laquelle il s'étoit déjà engagé. Leur
ménage a été très heureux, & ils ont
élevé

élevé un fils très bien fait, qui n'a point
eu le défaut naturel de son Père,

CI.

Nous tirons de ce cas la conféquence, que ce Boulanger, quoique lourd
& muët, n'a point mené cette vie purement animale, que *Fontenelle* & *Bayle* attribuent à un autre Homme dans
la même fituation, §. xciv, mais
qu'il a vécu & penfé en Homme raifonnable; Comment lui auroit-il été
poffible de diftinguer exactement une
forte de monnoie d'une autre, s'il avoit
été deftitué d'idées diftinctes? Nous a-
vons déjà remarqué ci-deffus §. lxxxi.
qu'on ne fauroit conduire une Bête,
jufqu'à faire la différence des Métaux
& des Monnoies, parce qu'elle n'a que
des idées claires & non de diftinctes,
Mais, ce qui eft bien plus, le Boulanger fourd favoit calculer, quoiqu'il
n'eût pas reçu la moindre leçon d'A-
ritmétique. Cette feule circonftance prouve fuffifamment, que cet Homme avoit des idées diftinctes & fort
abftraites, &, qu'il s'étoit fait à lui-
même une forte d'Algèbre, qui affurément fuppofe les notions les plus
nettes & les plus diftinctes. Qu'on
effaye,

*Remar-
ques fur
ces e-
xemple.*

eſſaye, ſi à force de peine on viendra à bout d'enſeigner l'Aritmétique à quelque Animal que ce ſoit. Pareil travail ſera toujours inutile, & cependant notre Boulanger l'avoit appriſe de lui-même. Peut-on donc lui refuſer des penſées raiſonnables? Et peut-on nier en même tems qu'il n'ait penſé d'une toute autre manière que nous, qui avons coutume d'attacher nos penſées à certains mots. Ces conſéquences que nous tirons de-là, ſe développeront mieux plus bas. Nous prions, en attendant, le Lecteur de nous permettre d'alléguer encore un exemple.

CII.

Nouvel exemple très remarquable d'un Peintre ſourd & muët.

J'ai connu à *Berlin* un Peintre ſourd & muët, qui s'appelloit *André Brendel.* Il étoit né à *Bareuth*, & Monſeigneur le Margrawe défunt l'avoit fait voyager, pour le perfectionner dans ſon Art, en apprenant encore des Maitres étrangers. Comme il n'avoit ni l'ouïe, ni la parole, le même Prince lui avoit donné pour compagnon de voyage un Sculpteur, qui ſavoit s'entretenir avec lui par ſignes, & qui prenoit garde à ſes beſoins. Je me
ſuis

fuis informé exactement de fa conduite & de fes actions, je me fuis même fait peindre par lui, afin d'avoir d'autant plus occafion de lier connoiffance. Et comme j'étois curieux de favoir comment le Sculpteur s'y prenoit pour lui raconter quelque chofe, je racontai moi-même au prémier un fait arrivé fous le règne de l'Electeur FRIDERIC-GUILLAUME de glorieufe mémoire, entre un Gentilhomme de la Chambre & le Peintre de la Cour. Je priai en même tems le Sculpteur de faire part de ce récit au Peintre fourd, en le lui difant par fignes, ce qui fut exécuté en fort peu de tems. Le Peintre fe montroit fort attentif, & donnoit à connoître par divers mouvemens de tête qu'il comprenoit très bien fon camarade. Mais ce qui me convainquit pleinement que le Sourd étoit précifément au fait de l'hiftoire, c'eft qu'il fe mit à rire de tout fon cœur dans un endroit du récit qui exprimoit en effet une circonftance très rifible.

Je pourrois rapporter encore plufieurs autres particularités de ce Sourd. Mais j'aime mieux emprunter du To-

me

me XXIII. de la *Bibliothèque Germanique* *, la narration circonstanciée que Mr. *Le Maître* donne de cet Homme, dans la Lettre suivante à un de ses Amis.

MONSIEUR.

,, Je n'ai point de nouvelles litté-
,, raires à vous mander de ce pays,
,, qui soient plus dignes de votre
,, curiosité, que la Rélation Histori-
,, que & Philosophique que je vous
,, ai promise d'un Peintre né sourd &
,, muët. Je suis bien-aise de partager
,, avec vous, Monsieur, le plaisir que
,, j'ai trouvé à étudier ce rare phéno-
,, mène pendant plusieurs années.
,, Rien ne prouvera plus évidemment,
,, que nos idées ne dépendent point
,, de nos paroles, mais qu'il y a des
,, principes par lesquels nous pouvons
,, distinguer le vrai d'avec le faux, &
,, le juste d'avec l'injuste, soit que nous
,, le sachions exprimer dans une lan-
,, gue connue, soit que nous ne le sa-
,, chions pas.
,, L'Homme dont j'ai l'honneur de
,, vous

* Art. VI. p. 119. & suiv.

,, vous parler, s'appelle *Jean André*
,, *Brendel*. Il eſt né au commence-
,, ment de ce ſiècle dans un village
,, du Margraviat de *Bayreuth*. Le mal-
,, heur qu'il eut d'être ſourd & muët
,, de naiſſance, fut cauſe qu'on lui fit
,, paſſer ſes prémières années à pal-
,, tre les vaches. Son Père qui étoit
,, Paſteur de l'Egliſe du Lieu, n'aiant
,, pas l'adreſſe de cultiver l'eſprit d'un
,, enfant ſi particulier, le négligea en-
,, tièrement. Un de ſes Parens, qui
,, étoit alors au ſervice de la Cour,
,, le vit dans ce triſte état à l'âge de
,, douze ans; & comme il remarqua
,, dans ce garçon quelque vivacité,
,, qui ſembloit promettre beaucoup
,, de ſa capacité, il eut pitié de lui.
,, L'aiant donc emmené dans la ville
,, de *Bayreuth*, Mr. *Feiler* (c'eſt le nom
,, du Parent) le recommanda ſi bien
,, au Prince, que S. A. S. le fit met-
,, tre en apprentiſſage chez le Pein-
,, tre de la Cour nommé *Gléſer*. En
,, même tems, le charitable Parent
,, eut ſoin de le faire inſtruire dans
,, la connoiſſance de la Religion. Ainſi
,, ce jeune Muët fut confié à un Théo-

,, lo-

,, logien * d'une piété exemplaire,
,, qui depuis a été Prédicateur de S. E.
,, M. le Comte de *Reussen d'Ebersdorff*.
,, Ce Précepteur ne se contenta pas
,, d'enseigner à son Elève à connoître
,, les lettres machinalement. Attentif
,, aux progrès de l'Ecolier, & s'accom-
,, modant peu à peu aux signes par
,, lesquels il se faisoit entendre , le
,, Maître vint à bout de lui imprimer
,, les principales vérités, & les devoirs
,, essentiels de la Religion. Et quoi-
,, que le Catéchiste de ce pauvre
,, Muet ne sût pas lui faire compren-
,, dre des règles générales pour l'art
,, d'écrire , il réussit pourtant à lui
,, faire peindre les mots les plus né-
,, cessaires pour son usage. En par-
,, ticulier il lui apprit à mettre sa con-
,, fession de foi par écrit avec un dis-
,, cernement très juste. Aussi après
,, ces témoignages de sa piété & de
,, ses lumières, on n'a pas cru le de-
,, voir priver de la sainte Commu-
,, nion , il y participe régulièrement
,, avec beaucoup de dévotion.

,, Je n'aurois jamais cru qu'un

,, Hom-

* Qui s'appelle aussi *Beiler*.

,, Homme incapable de profiter des
,, inſtructions ordinaires, pût être
,, pouſſé ſi loin, ſi je n'en avois pas
,, été convaincu par mes propres
,, yeux. Vous jugerez bien, Mon-
,, ſieur, que la converſation d'un
,, homme de ce caractère doit être
,, pénible & fatigante. Celle de
,, Mr. *Brendel* l'eſt d'autant plus, que
,, c'eſt un homme extrèmement cu-
,, rieux. Il veut tout ſavoir; & ſi on
,, ne ſe laſſoit pas de l'écouter des
,, yeux, il ne feroit jamais las de par-
,, ler de ſes mains. Il ne ſe rebute
,, point de diverſifier ſes ſignes & ſes
,, geſticulations, juſqu'à ce qu'il s'i-
,, magine qu'on l'a compris. J'ai été
,, fait à ſon langage au bout de peu
,, de jours. Dans le tems que je fis
,, connoiſſance avec lui, il avoit vingt-
,, trois ans, & comme il avoit déjà
,, roulé dans le monde *, il avoit pris
,, des manières civiles & honnêtes,
,, deſor-

* Il a été longtems à *Berlin*, où Mr. *Peſne*
a eu la bonté de le perfectionner dans ſon art.
Il a auſſi paſſé quelque tems à *Dreſde*, à *Vienne*, & en dernier lieu à *Nuremberg*, où le fameux Mr. *Kupetzki* a eu ſoin de rafiner encore ſur ce qu'on lui avoit déjà appris.

G 3

,, deforte que fa compagnie ne m'é-
,, toit à charge que lorfque mes au-
,, tres occupations ne me permet-
,, toient pas de l'entretenir. Il étoit
,, fort exact à me demander tous les
,, jours de pofte les nouvelles de la
,, Gazette, dont il ne vouloit pas per-
,, dre la connexion. Mais ce n'eft pas
,, pas par-là que je prétens faire con-
,, noître & admirer mon Muët. J'ai
,, commencé à parler des fentimens
,, qu'on a excités en lui fur la Reli-
,, gion. C'eft là-deffus que roulérent
,, la plupart de nos entretiens.

,, Un Homme, qui a eu toute fa
,, vie l'ufage de l'ouïe & de la lan-
,, gue, ne peut pas faire voir par des
,, marques moins douteufes qu'il croit
,, un Dieu, Créateur & Sauveur des
,, Hommes, que notre Peintre muët
,, le fait voir. Il a une grande idée
,, des Rois & des Princes, & il res-
,, pecte les autres hommes plus ou
,, moins, à mefure qu'ils approchent
,, des Grands, & qu'ils font avancés
,, dans les Emplois. Mais il fait fort
,, bien montrer, que les plus grands
,, & les plus petits ont un Maître com-
,, mun au Ciel, que ce Souverain
                                ,, Maî-

,, Maître du Monde eft au deffus de
,, tout, qu'il prend garde à tout,
,, qu'il ne juge point felon les appa-
,, rences, qu'il récompenfera la ver-
,, tu des hommes les plus méprifés,
,, & qu'il punira les vices des plus
,, fiers & des plus puiffans. Il ne
,, manque aucun exercice le Diman-
,, che. Quand on lui demande ce
,, qu'il fait à l'Eglife, il répond fort
,, bien à fa manière, qu'il fe joint de
,, cœur & de corps à ceux qui ado-
,, rent Dieu, & qui, quelque inégaux
,, qu'ils foient d'ailleurs, fe préfen-
,, tent dans la Maifon de Dieu, com-
,, me étant tous également miféra-
,, bles devant Dieu, Enfans d'un mê-
,, me Père, foumis aux mêmes Loix,
,, appellés aux mêmes Efpérances. Il
,, y va de bonne foi, je ne lui prête
,, rien. Ce que je dis de fon atta-
,, chement à la Religion, eft foutenu
,, par toute fa conduite. Il témoigne
,, toujours une profonde vénération
,, pour les gens de bien, & rien n'é-
,, gale la haine & l'horreur qu'il a
,, pour l'hypocrifie. Quand il veut
,, défigner un Hypocrite, ou un mau-
,, vais Chrétien, il fait d'abord une

G 4 ,, mi-

„ mine dédaigneuse, puis il porte la
„ main au front pour marquer la ſcien-
„ ce de ces gens-là, & paſſant auſſi-
„ tôt de·là à la poitrine, il tourne
„ & retourne la main dans un inſ-
„ tant, ce qui ſignifie l'inconſtance
„ du cœur. Après cela, de·l'air d'un
„ homme ému de colère, il ſe don-
„ ne le même mouvement que s'il
„ vouloit jetter quelque choſe à ter-
„ re, & montre enſuite du doigt le
„ Ciel, pour dire que Dieu jettera
„ ainſi les Hypocrites dans l'Enfer.

„ Vous concevrez ſans doute aſſez
„ facilement, Monſieur, que par u-
„ ne attention judicieuſe, on peut
„ cultiver avec un heureux ſuccès la
„ Religion naturelle, même dans l'a-
„ me d'un Muët. Mais vous trouve-
„ rez plus étrange peut-être, que je
„ reconnoiſſe auſſi dans mon Hé-
„ ros la connoiſſance des myſtères de
„ la Révélation. Pour moi qui l'ai
„ vû, je n'en ſaurois douter ſans être
„ plus incrédule que *Thomas*. J'ai été
„ bien étonné une fois, qu'en raiſon-
„ nant des nouvelles de *Moſcovie*, ce
„ bon-homme me demanda en ſon
„ lan-

,, langage, si les *Moscovites* * croyoient
,, aussi la *Trinité* ? Comme il expri-
,, moit sa demande par les figures
,, sous lesquelles on représente ordi-
,, nairement les Personnes Divines,
,, je craignois qu'on ne l'eût fait *Tri-*
,, *théite*; & *Anthropomorphite.* Mais il me
,, desabusa bientôt, en me montrant
,, qu'il ne croyoit qu'un seul vrai Dieu,
,, & qu'il ne désignoit la Divinité par
,, le Père, le Fils, & la Colombe,
,, que parce que c'étoient les Sym-
,, boles de la Divinité. Il a sur-
,, tout un amour ardent pour Je-
,, sus-Christ, sachant fort bien
,, qu'il est une Personne Divine, &
,, qu'il est mort pour nous sur la Croix.
,, Il regarde tous les honneurs reli-
,, gieux que l'on rend à d'autres cho-
,, ses, aux Anges, aux Saints, au
,, Pape, aux Images, comme un ou-
,,   tra-

---

* Je n'ai pas manqué de donner à mon
Peintre muët, une bonne idée de l'Orthodoxie
des *Grecs* sur ce chapitre; mais je n'ai eu garde d'imaginer des grimaces ou des attitudes
propres à lui faire comprendre la dispute in-
discrète qu'il y a entre l'Eglise d'*Orient* & celle d'*Occident* au sujet de ce qu'on appelle la
Procession du Saint Esprit.

,, trage fait à notre Divin Sauveur.
,, Il mène une vie très règlée, & il
,, fait fort bien les commandemens
,, de la Loi, qu'il obferve religieufe-
,, ment. Cependant il ne le fait pas
,, par crainte, ni par une obéiſſance
,, ſervile; il ne veut pas être ſauvé
,, par ſa propre juſtice, toutes ſes
,, eſpérances ſont fondées ſur la gra-
,, ce de Dieu en J. C. C'eſt par la
,, grace de Dieu qu'il demande à bien
,, vivre & à bien mourir. Il mon-
,, trera fort bien que ceux qui ont
,, d'autres ſentimens ne ſont pas Chré-
,, tiens, & qu'ils ne ſavent pas pour-
,, quoi J. C. eſt venu du Ciel ſouf-
,, frir la mort.

. ,, Vous voyez, Monſieur, que Mr.
,, *Brendel* eſt un fort bon *Proteſtant*.
,, Il faut vous dire encore qu'il eſt du
,, parti de *Luther*, quoiqu'il ne dam-
,, ne pas les autres Réformateurs.
,, Vous voudrez bien ſavoir, com-
,, ment un Muët diſtingue nos Sec-
,, tes. Celui qui lui a enſeigné cela,
,, ne l'a pas mal imaginé. L'enſei-
,, gne du *Papiſme*, c'eſt le ſigne de la
,, Croix; celle des *Luthériens*, la main
,, ſur le cœur; & celle des *Réformés*,
　　　　　　　　　　　,, le

„ le mouvement que l'on fait des
„ mains en rompant quelque chofe,
„ parce que ce font eux qui rompent
„ le pain dans la Sainte Euchariftie.
„ Quoique le Peintre muët regarde
„ la doctrine de *Luther* comme la
„ meilleure & la plus droite, qui lui
„ tient à cœur, il n'attache pas fa foi
„ à l'autorité de ce Réformateur. Il
„ ne s'attache à lui, que parce que
„ Dieu s'eft fervi de fon miniftère
„ pour prêcher l'Evangile tout pur,
„ au-lieu des Traditions humaines.
„ Il le préfère même aux autres Ré-
„ formateurs, parce qu'on lui a fait
„ comprendre que perfonne n'avoit
„ jamais rendu de plus grands fervi-
„ ces à l'Eglife. Il paroit fur-tout
„ touché de l'intrépidité & du zèle
„ de cet illuftre Patriarche des *Pro-*
„ *teftans.*

„ Les réflexions Chrétiennes qu'on
„ a trouvé moyen d'exciter dans l'a-
„ me de mon Peintre muët fur fon
„ état perfonnel, font la plus belle
„ preuve de la pureté & de la foli-
„ dité de fes idées. J'en ai été té-
„ moin plus de dix ans après qu'il fut
„ forti de l'Ecole de fon Catéchifte.

„ Qu'on

,, Qu'on lui demande, s'il ne souhai-
,, teroit pas que Dieu lui fît la gra-
,, ce de pouvoir entendre & parler
,, comme les autres hommes, il fau-
,, ra fort bien répondre par ses ges-
,, tes, que puisqu'il a plu à Dieu de
,, le faire naître sourd & muët, il se
,, soumet humblement à la volonté de
,, Dieu, en tirant même de son dé-
,, faut naturel le meilleur parti qu'il
,, peut; que ce défaut ne laisse pas
,, d'avoir un avantage considérable;
,, que s'il ne peut pas faire de sa lan-
,, gue tout le bon usage que d'autres
,, en peuvent faire, il n'en peut pas
,, aussi abuser, comme il remarque
,, que d'autres font, en se querellant,
,, en se disant des injures, en con-
,, tant des choses honteuses & scan-
,, daleuses. Mr. *Brendel* rend graces
,, à Dieu de ne pas entendre tous
,, les discours inutiles & dangereux
,, que l'on tient dans les compagnies
,, où il se trouve; il s'estime assez heu-
,, reux, que Dieu lui ait donné les
,, talens & l'occasion d'apprendre u-
,, ne honnête profession, par laquel-
,, le il peut gagner dequoi vivre dou-
,, cement dans le monde, étant aussi
,, bien

„ bien affuré de la grace de Dieu &
„ de fon falut, qu'il l'auroit pu être
„ s'il pouvoit fe fervir librement de
„ fes organes. Il fe confole enfin
„ par l'efpérance qu'il a, & qui lui
„ a été confirmée par un fonge fort
„ remarquable. C'eft qu'un jour Je-
„ sus-Christ viendra du Ciel, où
„ il eft monté après fa réfurrection;
„ qu'alors les Morts feront reffufci-
„ tés, & que fon corps fortira auffi
„ de la poudre de la terre, non point
„ corruptible, mortel, infirme &
„ défectueux, tel qu'il eft à préfent,
„ mais tout glorifié, comme celui de
„ J. C. & qu'enfuite il entendra &
„ chantera lui-même les louanges de
„ Dieu éternellement dans le Ciel.
„ Je crois, Monfieur, que l'exem-
„ ple d'un Muët fi bon Chrétien, mé-
„ rite votre attention, & même cel-
„ le du Public. Je parle d'un hom-
„ me qui eft plein de vie, & qui n'eft
„ point inconnu. Les faits que j'en
„ rapporte font inconteftables. On
„ peut s'en convaincre tous les jours
„ par fes propres yeux, comme j'en
„ ai été convaincu. Nous y trou-
„ vons dequoi confondre les mauvai-

„ fes

„ ſes conſéquences que Mr. *Bayle*
„ prétend tirer de la rélation qu'on a
„ faite d'un autre Muët. Le Philo-
„ ſophe de *Rotterdam* a tiré cette
„ rélation du *Journal des Savans du*
„ 30 *Nov.* 1765. où elle ſe trouve
„ dans l'extrait de l'*Hiſtoire de l'Aca-*
„ *démie Royale des Sciences*, *Année*
„ 1703, la voici. En 1703 à *Char-*
„ *tres*, un Jeune-homme de 23 à 24
„ ans, ſourd & muët de naiſſance,
„ commença tout d'un coup à parler.
„ Trois ou quatre mois auparavant
„ il avoit entendu le ſon des Cloches,
„ ainſi qu'on le fut de lui, & avoit
„ été extrèmement ſurpris de cette
„ ſenſation nouvelle & inconnue. En-
„ ſuite il lui étoit ſorti de l'oreille gau-
„ che une eſpèce d'eau, & il avoit
„ entendu parfaitement des deux o-
„ reilles. Il fut ces trois ou quatre
„ mois à écouter ſans rien dire, s'ac-
„ coutumant à répéter tout bas les
„ paroles qu'il entendoit, & s'affer-
„ miſſant dans la prononciation &
„ dans les idées attachées aux mots.
„ Enfin il ſe crut en état de rompre
„ le ſilence, & il parla, quoique ce
„ ne fût encore qu'imparfaitement.

„ Auſſi-

„ Auſſi-tôt des Théologiens habiles
„ l'interrogérent ſur ſon état paſſé ;
„ leurs principales queſtions roulé-
„ rent ſur Dieu, ſur l'Ame, ſur la
„ bonté & ſur la malice morale des
„ Actions. Il ne parut pas avoir
„ pouſſé ſes penſées juſques-là. Quoi-
„ qu'il fût né de parens *Catholiques*,
„ qu'il aſſiſtât à la Meſſe, qu'il fût
„ inſtruit à faire le ſigne de la Croix,
„ & à ſe mettre à genoux dans la con-
„ tenance d'un homme qui prie, il
„ n'avoit jamais joint à tout cela au-
„ cune attention, ni compris celle que
„ les autres y joignoient. Il ne ſavoit
„ pas bien diſtinctement ce que c'é-
„ toit que la mort, & il n'y penſoit ja-
„ mais ; il menoit une vie purement a-
„ nimale, tout occupé des objets ſen-
„ ſibles & préſens, & du peu d'idées
„ qu'il recevoit par les yeux. Il ne ti-
„ roit pas même de la comparaiſon de
„ ces idées tout ce qu'il auroit pu en
„ tirer. Ce n'eſt pas qu'il n'eût naturel-
„ lement de l'eſprit ; mais l'eſprit d'un
„ homme privé du commerce des au-
„ tres hommes, eſt ſi peu exercé & ſi
„ peu cultivé, qu'il ne penſe qu'autant
„ qu'il y eſt indiſpenſablement forcé
„ par les objets extérieurs.

„ *Bay.*

„ *Bayle*, dans ſes *Réponſes aux Queſ-*
„ *tions d'un Provincial Tom.* IV. *Chap.*
„ XVI. *pag.* 228 *& ſuiv.* oppoſe l'ex-
„ périence de ce Muët de *Chartres*,
„ à la ſuppoſition de ceux qui croient,
„ qu'un Enfant qu'on élèveroit exprès
„ ſans lui enſeigner aucune choſe, ou
„ qui aiant été expoſé dans un lieu
„ déſert y ſeroit nourri par une Bête
„ juſqu'à ce qu'il fût en état de cher-
„ cher ſes alimens, parviendroit de
„ lui-même à connoître Dieu, lorſ-
„ que ſa raiſon ſe feroit développée.
„ Mr. *de Fontenelle* lui-même ſemble
„ auſſi vouloir combattre par ſon
„ Hiſtoire, la poſſibilité de l'inſ-
„ truction raiſonnable d'un Homme
„ privé du ſecours de la parole &
„ des Livres. J'ai deux remarques
„ à faire ſur ce ſujet.

„ Prémièrement, je voudrois bien
„ ſavoir comment les Théologiens de
„ *Chartres* s'y ſont pris, lorſqu'ils ont
„ examiné le Muët dont il s'agit. On
„ peut bien être habile Théologien,
„ ſans être capable de bien établir
„ l'état de chaque queſtion que l'on
„ doit propoſer à une perſonne de ce
„ caractère. Il n'eſt pas impoſſible
„ mê-

„ même que ce nouveau Catéchumè-
„ ne ait été plus favant qu'il ne le
„ crut lui-même. Cela me fait fou-
„ venir d'un de mes Amis, Philofo-
„ phe, que je fis convenir, en m'ac-
„ commodant à fes principes, qu'il
„ étoit plus *Chrétien* qu'il ne le pen-
„ foit. L'*Inquifition* l'auroit condam-
„ né fans miféricorde comme un hom-
„ me qui ne croyoit ni Dieu, ni Es-
„ prit, ni Ame; les idées que l'on
„ attache à ces termes l'avoient cho-
„ qué. Il attribuoit à la *Matière* feu-
„ le tous les effets que nous attri-
„ buons à ces Etres fpirituels. Aiant
„ donc remarqué qu'il prenoit la *Ma-*
„ *tière* plutôt en *Logicien* pour tout
„ fujet en général, qu'en *Phyficien*
„ pour le fujet de l'étendue, je ne
„ m'amufai pas à le preffer là-deffus.
„ Mais lui aiant fait faire attention à
„ l'idée de l'ordre, des liaifons & des
„ fins de toutes chofes, je lui fis a-
„ vouer fans peine qu'il y a une In-
„ telligence qui règne dans toute la
„ Nature. Il ne fit pas difficulté d'ap-
„ peller cette Intelligence fuprême la
„ Divinité, & de reconnoître qu'il
„ y a en nous un Principe fubordon-
„ né

„ né à cette Intelligence, & qu'on
„ peut fort bien nommer ce Princi-
„ pe une Ame formée à l'image de
„ Dieu. Il me fut aifé de le con-
„ duire par cette méthode aux règles
„ de la Morale, & de-là aux myftè-
„ res de l'Evangile. Je fuis très per-
„ fuadé que le Muët de *Chartres* n'au-
„ roit pas paru fi ignorant qu'il l'a
„ paru, fi on l'avoit interrogé d'une
„ manière proportionnée à fa capaci-
„ té. Il n'auroit pas cru que ce fût
„ bien fait de maltraiter une Bienfai-
„ teur, de mentir, de trahir un A-
„ mi, de nier un dépôt, de ne pen-
„ fer qu'à boire & à manger, & à
„ vivre en Bête. Il n'auroit pas bor-
„ né fes vues à plaire aux Hommes;
„ il auroit bien reconnu une Loi an-
„ térieure gravée dans fa confcience,
„ & un Légiflateur qui en eft l'auteur.
„ Il n'eft pas extraordinaire que des
„ perfonnes qui ont les mêmes fenti-
„ mens, ne les expriment pas de la
„ même manière. A plus forte raifon
„ ne doit-on pas exiger d'un Hom-
„ me fourd & muët de naiffance,
„ qu'il s'exprime comme ceux qui
„ ont été dreffés dès leur enfance à
„ un

„ un même langage. Si fes réponfes
„ ne fe font pas accordées avec les
„ demandes des Théologiens, ce n'eft
„ pas une preuve infaillible qu'il n'ait
„ point eu d'idée des chofes fur les-
„ quelles il fut queftionné.

„ Je trouve encore à redire à l'His-
„ toire du Muët de *Chartres*, que l'É-
„ ducation qu'il a reçue, bien loin
„ de lui pouvoir ouvrir l'efprit, ne
„ pouvoit que le boucher davantage.
„ S'il avoit été moins bon *Catholique*
„ *à la mode de fon pays*, il n'en auroit
„ été que meilleur *Chrétien* peut-être.
„ Une Religion dont on fait confif-
„ ter le Caractère effentiel dans le
„ figne de la Croix & dans l'affiduï-
„ té avec laquelle on affifte à la Mes-
„ fe, n'eft affurément guères propre
„ à éveiller la confcience, ni à déve-
„ lopper les idées que nous avons
„ naturellement de la Divinité & des
„ hommages qui lui font dus. Mon
„ Peintre muët auroit mieux inftruit
„ l'Homme de Mr. *de Fontenelle*, que
„ n'ont fait ceux qui ont eu foin de
„ ce fidèle *Catholique*. L'exemple que
„ nous voyons en Mr. *Brendel*, nous
„ doit porter à avoir meilleure opi-
„ nion

„ nion des Muëts, & plus de con-
„ fiance en celui *qui a fait la bouche*
„ *de l'homme, & qui a formé le muët*
„ *& le sourd.* Il a soin de tous, il sait
„ se faire connoître & aimer de tous
„ ceux qui écoutent sa voix dans leurs
„ cœurs.

„ On peut accorder à Mr. *de Fon-*
„ *tenelle*, que l'esprit d'un homme
„ privé du commerce des autres hom-
„ mes, est si peu cultivé, qu'il ne
„ pense qu'autant qu'il y est indispen-
„ sablement forcé par les objets ex-
„ térieurs. Mais je réduis cette dé-
„ cision à bien peu de chose. J'en-
„ tens qu'un Homme sourd & muët
„ de naissance, dont personne n'a le
„ soin qu'il en faudroit avoir pour le
„ bien élever en s'accommodant a-
„ droitement à sa foiblesse, n'est pas
„ naturellement disposé à penser à
„ d'autres objets que ceux qui le frap-
„ pent directement. C'est toujours
„ quelque chose, qu'on ne dispute pas
„ aux pauvres Muëts la faculté de pen-
„ ser. Feu Mr. *Thomasius* n'a pas été
„ si libéral envers eux. Persuadé d'un
„ côté, que penser n'est autre chose
„ que se parler à soi-même; & ne
„„ dou-

,, doutant pas d'un autre côté que
,, les Enfans & les Muëts ne foient
,, incapables de parler, * il a con-
,, clu de-là que les uns & les autres
,, font auffi incapables de penfer. Si
,, cet illuftre Jurifconfulte avoit con-
,, nu un homme tel que Mr. *Bren-*
,, *del*, il n'auroit eu garde de dire ce
,, qu'il dit des Muëts & des Enfans.
,, Mais que contefterons-nous à Mr.
,, *Thomafius*? Nous infcrirons-nous en
,, faux contre le fait qu'il fuppofe,
,, de l'impuiffance dans laquelle les
,, Enfans & les Muëts font de par-
,, ler? Ou bien attaquerons-nous la
,, définition de la *Penfée*, qui en fait
,, un difcours qu'on fe tient à foi-mê-
,, me? Non, je ne fuis pas fi har-
,, gneux que l'on pourroit fe l'ima-
,, giner. Ne conteftons rien. Tâchons
,, feulement de développer un peu l'i-
,, dée

---

* *Sed interroga quaſo infantem aut natura
ſurdum, quid tum cogitaverint, vel adhuc co-
gitent? Et quibus tandem argumentis firmis vl-
li homini perſuadebis ejusmodi homines cogitare?
Homines ſunt ſine controverſia. Sed nondum
demonſtratum hominem ſemper cogitare oportere.* J.
C. Thomaſius *Introd. in Logicam* C. III. §. 24.
P. m. 39,

,, dée que-l'on doit se former des
,, Langues dont nous nous servons
,, pour entretenir , & pour expri-
,, mer nos pensées. *Prémièrement*,
,, je pose en fait, de l'aveu de tous
,, les Maîtres dans l'Art de penser,
,, que nos paroles n'ont point de
,, liaison naturelle & nécessaire a-
,, vec les objets qu'elles désignent,
,, étant seulément des signes arbitrai-
,, res, qui varient jusqu'à l'infini. Il
,, s'ensuit de-là *en second lieu*, que les
,, paroles par lesquelles nous ap-
,, prenons dans le commerce des au-
,, tres hommes à exprimer nos idées
,, d'une manière uniforme, ne nous
,, pourroient pas donner des idées
,, que nous n'aurions pas eues aupa-
,, ravant. Or comme toutes sortes
,, de signes arbitraires par lesquels
,, on peut exprimer ses pensées, tien-
,, nent lieu de langue à ceux qui
,, s'en servent, j'infère de-là *en troi-*
,, *sième lieu,* que les petits Enfans, &
,, ceux qui sont sourds de naissance,
,, sont naturellement portés à se faire
,, des signes arbitraires ou une langue
,, à leur façon. Il n'appartient qu'aux
,, *Epi-*

,, *Epicuriens* * de se figurer les pré-
,, miers Hommes muëts & hideux;
,, ignorant tout usage de la Raison,
,, aussi-bien que celui de la Parole.
,, Mon Peintre muët réfute assez cet-
,, te supposition injuste & téméraire
,, par son expérience. Non seulement
,, j'ai vu que ce bon-homme pensoit
,, parfaitement bien à sa manière.
,, Il avoit encore une grande envie
,, de connoître la langue dans la-
,, quelle il voyoit que d'autres expri-
,, moient leurs pensées par écrit. La
,, peine que je me suis donnée de le
,, satisfaire en cela, m'a fait voir
,, qu'il n'étoit pas impossible de lui
,, faire comprendre cet art merveil-
,, leux. Il savoit déjà écrire quelques
,, noms appellatifs pour ses plus
,, grands besoins. Dans deux ou trois
,,   mois

* *Horace* expose leur sentiment Sat. III. Lib.
I. v. 99. & seqq.

Quum prorepserunt primis animalia terris,
Mutum & turpe pecus, glandem & cubilia propter,
Unguibus & pugnis, dein fustibus, atque ita porro
Pugnabant armis, quae post fabricaverat usus.
Donec verba, quibus voces sensusque notarent,
Nominaque invenere: dehinc absistere bello,
Oppida coeperunt munire, & ponere leges.

„ mois de tems je lui ai fait écrire a-
„ vec une parfaite intelligence tou-
„ tes les perfonnes du *préfent*, du *pré-*
„ *térit* & du *futur* des Verbes *auxiliai-*
„ *res*, & d'une centaine d'autres Ver-
„ bes qui lui peuvent être les plus
„ utiles. A la fin il a fu conftruire
„ une Lettre entière, tant bien que
„ mal. Il ne faloit exiger de lui ni
„ l'exactitude de la Grammaire, ni
„ la fotte courtoifie à laquelle les
„ Peuples foi-difans polis fe font af-
„ fujettis. Je lui ai apris à écrire en
„ *Quaker*; au-lieu de dire *je vous ai-*
„ *me*, il écrit, *j'aime tu*; au-lieu
„ qu'un autre diroit *vous l'aimez*, il
„ dit, *tu aimes il*, & ainfi de fuite.
„ Il fuffit qu'il fe faffe entendre.
„ Confirmons l'expérience de no-
„ tre *Brendel*, par celle d'un autre
„ honnête-homme qui lui peut bien
„ être comparé. Il y a peut-être une
„ trentaine d'années que l'on a vu à
„ *Berne*, en *Suiffe*, un Boulanger,
„ nommé *Weiff*, fourd & muët de
„ naiffance, comme ceux dont nous
„ venons de parler. Ce *Bernois* de-
„ vint amoureux de la fille d'un Bour-
„ geois de la ville, & il fongea à fe
„ ma-

„ marier avec elle, comme il voyoit
„ que d'autres se marioient. Ses Pa-
„ rens, qui ne se soucioient pas que
„ leur Boulanger procréât lignée, fi-
„ rent des efforts pour rompre ses
„ vues. Les deux parties étoient dé-
„ jà d'accord, & le mariage alloit ê-
„ tre proclamé & conclu. Pour l'em-
„ pêcher, les Parens s'adressérent au
„ Consistoire Suprême, où ils repré-
„ sentérent la crainte qu'ils avoient
„ qu'un Muët n'engendrât des mons-
„ tres, & qu'il ne fût incapable de
„ bien gouverner une maison. On
„ fit examiner le Défendeur, & on
„ le trouva aussi prudent & sage qu'un
„ homme qui a l'usage libre de tous
„ ses organes. On fut surpris de voir
„ que de tout tems il avoit négocié
„ avec toute la circonspection né-
„ cessaire tant avec les Païsans qu'a-
„ vec les Meuniers qui le fournis-
„ soient, qu'il connoissoit toutes les
„ espèces de l'Argent courant & de
„ la Monnoie , & qu'il tenoit ses
„ comptes avec une justesse admira-
„ ble sur des tablettes, où il grifon-
„ noit une espèce de chifres que per-
„ sonne n'entendoit que lui, mais a-

„ vec lefquels il ne trompoit per-
„ fonne, ni ne fe laiffoit tromper par
„ les autres. D'ailleurs il donnoit des
„ marques d'une véritable piété, &
„ menoit une vie fort régulière. Aus-
„ fi le Confiftoire ne manqua pas de
„ lui ajuger la fille avec laquelle il
„ s'étoit engagé. Leur mariage a été
„ des plus heureux, & il en eft né
„ un fils très bien fait, & qui n'a
„ point le défaut du Père. Le fils
„ étoit en vie quand je fus à *Berne*
„ il y a onze ans, & je tiens ce fait
„ de la bouche d'un des principaux
„ Seigneurs de la Régence de ce *Can-*
„ *ton*, qui a été du Confiftoire dans le
„ tems du procès du Boulanger muët.
„ J'ai oublié de vous dire, Monfieur,
„ que Mr. *Brendel* ne témoigne aucu-
„ ne inclination pour le mariage, &
„ qu'il fe moque fort plaifamment des
„ gens amoureux. Sa complexion le
„ porte plutôt à l'ambition qu'aux
„ plaifirs. On a très bien fait de lui
„ infpirer dès fa jeuneffe une grande
„ averfion pour toute forte de dé-
„ bauches, il s'en garde religieufe-
„ ment. Mais il a plus de peine à
„ modérer fa colère, & à fouffrir le
„ mé-

,, mépris de ceux qui font affez foux
,, pour lui en témoigner les fenti-
,, mens. Avouez, Monfieur, que ce
,, n'eft pas-là le caractère d'un hom-
,, me qui mène une vie purement a-
,, nimale,

,, Il feroit à fouhaiter que l'on con-
,, fervât avec foin toutes les obferva-
,, tions que l'on peut faire fur des gens
,, fourds & muëts dès leur naiffance.
,, On verroit par-là d'un côté, que
,, ces gens difgraciés de la Nature,
,, ne le font pas à un tel point, qu'ils
,, ne foient pas abfolument fufcepti-
,, bles d'une éducation Raifonnable,
,, & même Chrétienne, pourvu que
,, l'on reprime de bonne heure en
,, eux les paffions déréglées, qui font
,, le feul obftacle du bon ufage de la
,, Raifon. D'un autre côté, il paroî-
,, troit par ces exemples, qui fi nos
,, Sourds & Muëts deviennent de mé-
,, chantes bêtes, ce n'eft pas tant l'ef-
,, fet de leur défaut naturel, que ce-
,, lui d'une éducation mal entendue
,, qu'on leur donne, faute de favoir
,, s'accommoder à leur infirmité. Je
,, les regarde comme des preuves de
,, la vérité de la Religion. Elle ne

„ confifte pas en paroles, mais en fen-
„ timens; & elle n'a pas befoin d'ê-
„ tre foutenue par nos paroles, quand
„ les effets fenfibles de l'efprit & de
„ la vertu de Dieu parlent pour elle.

„ Je finis ici ma Rélation, afin que
„ vous ne difiez pas qu'il vaudroit
„ mieux que je fuffe fourd & muët
„ moi-même, que de me fervir de la
„ facilité d'écrire & de parler pour
„ vous ennuyer. J'ai l'honneur d'être

MONSIEUR,

Votre très humble & très
obéiffant ferviteur.

A Schwabach le
30 Mars 1739.

LE MAITRE.

Ici finit la Rélation de Mr. *Le Maî-*
tre. J'ai en mon particulier d'autant
moins fujet de douter de l'exactitude & de la fidélité de fon contenu,
que, comme je l'ai déjà dit, j'ai connu fort particulièrement Mr. *Brendel*
à *Berlin*, & me fuis informé des circonftances qui le concernoient.

CIII.

La pré- Quiçonque examinera préfente-
tention de ment toutes les particularités de ce
fait;

fait, ne, fera plus, comme Mr. *Le Maî-* | *ceux qui*
tre l'a déjà remarqué, de l'avis de Mrs. | *donnent*
de Fontenelle & *Bayle* , qui penfent | *à de pa-*
| *reilles*
qu'un Sourd & Muët , parce qu'il a | *gens une*
été privé dès l'enfance de l'ouïe & de | *vie pure-*
la parole, a mené une vie purement | *ment A-*
| *nimale ,*
fenfuelle & animale. Beaucoup plu- | *& leur*
tôt on fera convaincu qu'un tel Hom- | *refufent*
me a eu des idées & des penfées rai- | *la Rai-*
fonnables , quoiqu'elles foient d'une | *fon , eft*
| *détruite.*
efpèce toute différente des nôtres,
parce que nous fommes accoutumés à
une langue & à certains mots. Mais
il eft tems de ramener tout cela à notre but principal, & de montrer quel
ufage on doit tirer des Obfervations
précédentes.

CIV.

Nous avons prouvé ci-deffus §. XLIX. | *Quef-*
& LXXI. que l'Ame raifonnable étant | *tion , ſi*
un être indeftructible, ne perd jamais | *l'Ame ſé-*
toutes fortes d'idées actuelles, & qu'el- | *parée du*
le conferve la faculté de produire des | *Corps*
idées diftinctes. Mais comme nous | *peut*
| *penfer*
avons avoué en même tems §. LXXXVIII. | *raifonna-*
qu'une Ame raifonnable , dont le corps | *blement.*
eft plongé dans un profond fommeil ,
ou dans un fort évanouïffement, ne fe
fent pas elle-même, & qu'il fe paffe

un

un tems où elle est privée de pensées
raisonnables & liées entre elles; on
pourroit en tirer cette conséquence,
qu'une Ame séparée du corps, se
trouvant par-là totalement dépouillée
des organes corporels, n'a aucun sentiment de son état, & ne pense plus.
raisonnablement, quoiqu'elle n'en ait
pas perdu la faculté. Ainsi une pareille Ame seroit dans une espèce de
sommeil, & ne seroit susceptible d'aucuns sentimens agréables ni fâcheux.

Quoique l'on pût convenir de tout
cela, sans que le Dogme de l'Immortalité de l'Ame fût détruit par ce
moyen, tâchons pourtant de lever cette difficulté, en examinant, s'il est
possible qu'une Ame raisonnable, séparée du corps, se sente elle-même
& puisse penser raisonnablement.

C V.

Si l'Hypothèse de l'*Harmonie prééta-*
blie, que Mr. *de Leibnitz* a mise sur
les rangs, &-que Mr. *Wolff* a éclair-
cie, si cette hypothèse, dis-je, étoit.
une vérité démontrée, la difficulté précédente se roit bientôt levée. Car suivant cette opinion, les représentations que l'Ame se fait des choses cor-
po-

porelles, ne viennent point du dehors
par la force d'une opération naturelle des organes des Sens, mais elles
procèdent de l'effence-même de l'A-
me. En fe rangeant donc à ce fentiment, les Ames Humaines font tellement conftituées, qu'elles peuvent
fe faire des repréfentations claires &
fenfibles des Objets corporels, fans a-
voir befoin pour cela de l'influence
ou de l'opération efficace du corps.
Cela fuppofé, il eft aifé de comprendre la poffibilité des penfées raifonnables & liées entre elles dans une A-
me, auffi-bien après la mort que pendant la vie du corps. Car perfonne
ne contefte que les Objets extérieurs
qui frappent nos fens, ne nous donnent pas à-la-vérité la faculté de penfer raifonnablement, mais que néanmoins ils follicitent, pour ainfi dire,
& réveillent cette faculté, qui nous
eft propre & effentielle, en lui donnant occafion de fe déployer en nous
d'une manière active. Ainfi les Objets
des Sens nous fourniffent les matériaux fur lefquels nous exerçons la
faculté de notre Entendement, &
c'eft là-deffus que fe fondent toutes

H 4 nos

nos réflexions & tous nos raisonne-
mens. Si donc notre Ame, existant
dans le corps, peut avoir sans l'aide
du corps les représentations sensibles,
à l'occasion desquelles naissent ses
pensées raisonnables, la même chose
peut arriver tout aussi facilement a-
près la mort du corps. Mais comme
cette hypothése n'est pas encore u-
niversellement adoptée, & même que
plusieurs, quoique sans fondement,
la tiennent pour fort dangereuse, je
ne la proposerai pas au Lecteur, & je
chercherai d'autres voies de résoudre
la difficulté ci-dessus mentionnée.

CVI.

Si une Ame raisonnable peut penser sans la parole & les idées des sens; & s'il y a un Entendement pur?

Il s'agit principalement dans cette
matière, de savoir si une Ame raisonnable est nécessairement liée dans ses
pensées aux mots, & aux autres images ou représentations sensibles; ou
bien, si elle peut avoir une sorte d'i-
dées & de pensées, qui ne dépende
point de ces secours corporels? Quelques Philosophes, sur-tout les Ma-
thématiciens, parlent beaucoup de
l'*Entendement pur*. Ils désignent par-
là un Entendement tout-à-fait dégagé
des images sensibles, & qui se représente

fénte les chofes, comme en un clin
d'œil, fans mots ni autres repréfentations. Si l'on pouvoit démontrer
que notre Ame fût capable d'un Entendement auffi pur, il en réfulteroit
que par fon moyen elle peut avoir des
penfées raifonnables & liées entre elles, quoique les organes du corps,
fur lefquels fe font les impreffions des
chofes fenfibles, n'exiftent plus. Nous
difcuterons, dans la fuite, cet article
d'une manière un peu plus exacte.

CVII.

Le célèbre Mr. *de Voltaire* ne balance point à reconnoître cette forte d'i-
dées, que nous attribuons à l'Entendement pur, quoiqu'il ne fe ferve pas
de cette dénomination. C'eft ce que
nous trouvons dans le Chapitre XVII.
de fes *Elémens de la Philofophie de Newton*, où il travaille à prouver l'exiftence d'un Efpace différent de toutes les
chofes créées. En réfutant ceux qui
prétendent qu'un tel Efpace feroit un
pur néant, & cela parce qu'ils ne
peuvent fe le repréfenter, il s'exprime ainfi. ,, Je ne puis concevoir ce
,, que c'eft qui penfe en moi, je fuis
,, cependant convaincu que quelque

Mr. de Voltaire reconnoît & décrit l'Entendement pur.

H 5 ,, cho-

,, chofe penfe en moi. De-même je-
,, me-démontre l'impoffibilité du *Plein*,
,, & la néceffité du *Vuide* fans avoir
,, une image du *Vuide* ; car je n'ai
,, d'image que de ce qui eft corpo-
,, rel, & l'*Efpace* n'eft point corpo-
,, rel. Autre chofe eft fe repréfenter
,, une image, autre chofe eft conce-
,, voir une vérité ". Je ne veux pas
examiner ici, fi tout ce que Mr. *de*
Voltaire avance en faveur de l'Efpace,
eft fuffifamment fondé ; je me contente pour le préfent, de l'aveu qu'il fait,
qu'on peut penfer raifonnablement à
une chofe, quoiqu'on ne puiffe pas
fe la repréfenter fous une certaine i-
mage fenfible ; ce qui revient à ce
que nous appellons l'Entendement
pur.

CVIII.

L'Enten-
dement
fouverai-
nement
pur exifte
en Dieu,
& par
confé-
quent il
eft poffi-
ble.

Qu'un tel Entendement foit non
feulement poffible, mais encore qu'il
fe trouve réellement en Dieu, c'eft
ce que la Théologie Naturelle démon-
tre fans peine. Nous ne pouvons confidérer Dieu, que comme l'Etre fuprême & parfait, qui poffède par conféquent l'Entendement le plus parfait. Un tel Entendement doit avoir
la

la connoiffance la plus parfaite de toutes chofes , fans aucun mêlange d'ob-
curité & de confufion. Or toute connoiffance, qui eft fondée fur les repréfentation fenfibles, & dans laquelle la force de l'imagination intervient,
renfermant encore beaucoup d'obfcur
& de confus , il eft manifefte que le
fouverain Entendement, qui découvre toutes chofes fans obfcurité & fans
confufion, ne doit avoir ni repréfentations fenfibles, ni force d'imagination. Mais cela ne fuffit pas encore
pour le but que nous nous propofons,
& la queftion fubfifte toujours; fi l'A-
me raifonnable eft auffi fufceptible d'un
Entendement pur, où ne fe trouvent
aucunes repréfentations fenfibles? Nous
avons là-deffus les remarques fuivantes
à faire.

CIX.

1. Nous avons avancé §. LXIII. &
nous avons prouvé par un exemple
fort clair, que l'Entendement différe
des repréfentations purement fenfibles
& de la force de l'Imagination, & que
nous fommes capables de comprendre
& de reconnoître pour vrai par l'Entendement, ce que l'Imagination ne

*Il y a u-
ne grande
différence
entre les
repréfen-
tations
des Sens
ou de l'I-
magina-
tion, &*

H 6   fau-

sauroit nous repréfenter. Nous pouvons encore obferver la même chofe
en nous d'une autre manière. Il y a
des cas où nous nous livrons d'abord
à notre pure imagination, & où nous
fommes enfuite honteux de notre conduite, quand nous y réfléchiffons plus
attentivement. Combien de fois notre imagination ne nous repréfente-
t-elle pas des fantômes? Nous com-
mençons par nous effrayer, nous
tremblons, nous prenons la fuite.
D'où cela vient-il ? De ce que l'Imagination feule agit en nous. Mais dès
que l'Entendement fe met à opérer,
& que l'Homme examine attentivement les circonftances de fa terreur
panique, il fe tranquilife, & fe moque de lui-même. Nous voyons par-
là, que les repréfentations fenfibles
qui réfident dans la force de l'Imagination, & l'Entendement, font des
chofes tout-à-fait différentes ; quoique nous aions communément coutume de les confondre, parce que nous
ne faifons pas bien attention aux diverfes opérations de notre Ame.

C X.

Il y a
aufſi une
2. Il faut enfuite bien diftinguer
en-

entre les chofes mêmes que l'on comprend, & la manière dont on les comprend. On peut, par exemple, comprendre par le moyen de l'Entendement, & d'une manière bien fondée,
que Dieu a un Entendement infini,
mais notre propre Entendement n'eft
pas infini pour cela. De même certaines chofes, que notre Entendement fe repréfente, peuvent être matérielles & corporelles en foi, & frapper nos fens; mais il ne s'enfuit pas
abfolument de-là, que l'Entendement
fe les repréfente d'une manière fenfible & fous des images. Nous avons
déjà dit de Dieu, §. cviii. qu'il n'a
point de repréfentations fenfibles; &
nous voulons effayer à préfent d'éclair-
cir d'une manière intelligible, comment il eft poffible que Dieu fe repréfente les Objets corporels fans le fecours des Sens.

*différence
à faire
entre les
chofes que
l'on com-
prend, &
la manié-
re dont on
les com-
prend..*

CXI.

Il eft inconteftable que tout Corps
eft compofé de certaines parties, &
que ces parties en ont de nouveau
d'autres, qui les conftituent. Mais
la queftion eft de favoir, fi les plus
petites parties, dont le Tout eft com-

*Com-
ment
Dieu fe
repréfente
les Objets
corporels
fans l'ai*

posé, peuvent être divisées à l'infini, sans que jamais on arrive à un principe indivisible. Si cela étoit, un Tout fini, tel qu'est le Corps, qui a ses bornes, comprendroit en soi l'infini. Mais comme il y a contradiction à dire d'un Etre, qu'il est tout à la fois fini & infini, & que cela combat cette notion universelle, que *le fini ne sauroit contenir rien d'infini en soi*, il s'ensuit de-là, que la division d'un Composé ne sauroit avoir lieu à l'infini, mais qu'il faut reconnoître quelque chose d'indivisible, d'où le divisible tire son origine. Cette espèce d'Etres indivisibles, d'où procèdent les Corps, peut porter à bon droit le nom d'*Elémens.* * Or comme c'est

_____

* Mr. le Docteur *Walch*, dans son *Dictionnaire Philosophique* au mot *Etre simple*, est dans la même opinion. Voici ce qu'il dit: ,, On ,, appelle *Etre simple* une chose qui n'a point ,, de parties, & que nous ne pouvons découvrir par les sens, quoique l'Entendement ,, nous fasse comprendre qu'il doit y en avoir ,, de tels. L'*Etre simple* existe ou par lui-même, & c'est Dieu; ou bien il a été produit tout à la fois par l'Etre nécessaire, & ,, c'est la Matière prémière, qui ne sauroit ê- ,, tre

c'eſt dans les Elémens que réſide originairement le fondement de tout ce
qui peut ſe paſſer dans les Corps ;.
l'Etre qui connoit les Elémens des
Corps, a par conſéquent l'idée la plus
diſtinéte & la plus complette des choſes corporelles, de leur nature, &
de toutes leurs opérations. Mais les
Elémens étant des Etres indiviſibles,
qui n'ont ni grandeur, ni figure, &
qui ne ſaurojent être décrits par aucune repréſentation ſenſible, on ne
doit point, de ce que Dieu, en vertu de ſon Entendement très parfait,
doit néceſſairement connoître les choſes corporelles, en conclure qu'il a
des idées pareilles à celles des Sens.
En appercevant les Elémens des
Corps, il apperçoit en même tems
de la manière la plus parfaite, & comme en un clin d'œil, tous les Etres corporels avec toutes leurs propriétés,
leurs opérations, & tous les changemens,

.. tre compoſée, car ſans cela elle ne ſeroit
.. pas première ". Au reſte il faut prendre garde que quoique nous reconnoiſſions la ſimplicité des Elémens des Corps, nous ne leur attribuons pourtant aucune force repréſentative,
comme Mr. *de Leibnitz* l'a fait.

mens qui y font poffibles. Si donc
une Ame raifonnable parvenoit à u-
ne connoiffance des Elémens des
Corps, dont nous fommes actuellement privés , elle poffèderoit alors
une connoiffance des Corps pure &
dégagée des images fenfibles. Et dès
à préfent l'idée qu'il y a des Elémens
indivifibles des Corps, appartient déjà à l'Entendement pur; fur quoi l'on
n'a qu'à fe rappeller les paroles de
Mr. *de Voltaire*, cités au §. C V I I.

CXII.

*L'Hom-
me a des
idées des
chofes in-
corporel-
les, & ain-
fi il eft
fufcepti-
ble d'En-
tende-
ment pur.*

3. Quoique nous ne puiffions pas
nier, que préfentement, & tant que
nous ne connoîtrons pas mieux les
Elémens des Corps, nous ne fommes
pas en état de nous repréfenter les
Objets corporels fans le fecours de
l'Imagination, & qu'ainfi nous ne faurions nous vanter d'avoir à cet égard
un Entendement pur; nous avons
pourtant remarqué §§. XIII. XIV. XV.
& ailleurs, qu'il y a en nous des idées
de plufieurs chofes, qui ne font ni
corps ni matière, & qui par conféquent n'affectent pas les organes de
nos fens. Nous avons mis dans ce rang
les Adverbes & les Conjonctions. Il
en

en eſt de-même de plusieurs Noms
Subſtantifs. Par exemple, *condition*, *eſpèce*, *manière*, *cauſe*, *raiſon ſuffiſante*,
coutume &c. Bien des Adjectifs ſont
dans le même cas, comme , *honoré*,
ſavant, *habile*, *vertueux*, *intelligent*
&c. Toutes les choſes que ces termes expriment, ne ſont ni corporelles ni matérielles, & nous ne laiſſons pas d'en avoir une idée diſtincte. Ajoutons-y enfin diverſes opérations qui ſe paſſent dans notre ame,
par exemple, *je penſe*, *je comprens*,
je ſai, *je doute*, *je ſouhaite*, *je veux*
&c. Nous ſavons intimement, que les
idées de ces choſes ſont diſtinctes en
nous, & que nous mettons une différence exacte entre *comprendre* & *douter*, *ſouhaiter* & *vouloir*. Cependant il
n'y a point d'Etres corporels hors de
nous, qui s'appellent la penſée, la
compréhenſion, le doute, la volonté, & qui par leur grandeur & leur
figure excitent des repréſentations
ſenſibles dans notre imagination. De-
là nous tirons cette conſéquence,
c'eſt que notre Ame eſt ſuſceptible
d'un Entendement pur, & qu'elle s'en
ſert effectivement, au milieu de toutes

tes les repréfentations fenfibles qui fe
mêlent dans nos idées.

CXIII.

Objection
prife de la
néceffité
des Mots.

La chofe parle d'elle-même, mais
on pourroit néanmoins faire l'objection fuivante. Il n'y a à-la-vérité rien
de corporel dans les chofes qu'expriment les mots allégués §. c x ii ; mais
ce font pourtant les mots eux-mêmes,
qui repréfentent ces chofes. Ainfi,
foit qu'on écrive ces mots, ou qu'on
les prononce, ils caufent dans le cerveau de l'Homme une certaine idée
matérielle, à l'aide de laquelle nous
comprenons la chofe. D'où il s'enfuit, que, puisque nous ne penfons
que des mots, nous ne faurions nous
attribuer un Entendement pur &
exemt des repréfentations fenfibles.
Pour examiner cette objection à fond,
il eft néceffaire de rechercher quel eft
l'ufage propre des Mots, & jufqu'à
quel point ils contribuent aux idées
de notre Ame.

CXIV.

Les Mots
ne produi-
fent
point les
idées en.

Les mots d'une Langue, quand
on les prononce, ne font autre chofe que des modifications du fon, produites par les divers mouvemens de
no-

notre langue dans l'air. Ce ſon par
lui-même n'a point de ſignification
plus certaine que celui d'un coup de
fouët, ou d'une cloche. Avant qu'un
mot puiſſe ſignifier quelque choſe, il
faut y attacher telle ou telle idée. Il
en eſt de-même des mots écrits, qui
ne ſont que de ſimples traits tracés
ſur le papier.

nous; ils
ne ſont
qu'exciter
celles qui
y ſont dé-
jà.

Puiſque les mots n'ont en eux-
mêmes aucune ſignification, & qu'on
leur donne arbitrairement celle que
l'on veut , en y joignant une certaine idée, il s'enſuit que les mots ne
ſauroient être la cauſe efficiente de
nos idées, mais plutôt qu'ils les ſuppoſent, & ne font que nous fournir
l'occaſion d'exciter de nouveau , à
l'ouïe ou à la lecture d'un mot, l'i-
dée que nous avons coutume d'y attacher. Par exemple, ſi l'on n'avoit
jamais vu un Arbre, la ſeule prononi-
ciation du mot *Arbre* n'en produiroit
pas l'idée dans notre ame. Il en arriveroit de-même, ſi nous avions l'i-
dée d'un Arbre, mais que nous ne
ſuſſions pas qu'elle doit être liée au
ſon extérieur que le mot *Arbre* excite dans l'air. De cette manière les
mots

mots étant de purs fignes de nos idées, & la chofe fignifiée pouvant exifter indépendamment du figne; il en réfulte que les mots ne font point abfolument néceffaires à l'intelligence des chofes, & qu'on ne fauroit non plus conclure d'une manière abfolue, que perfonne n'a l'idée d'une chofe; à moins que certains mots ne foient préfens à fon imagination.

C X V.

Quand un Homme a des idées de chofes incorporelles, les repréfentations fenfibles ne fervent qu'à exciter certains mots.

Pour nous approcher davantage de notre but, & rendre la chofe plus intelligible, remarquons que toutes les chofes auxquelles nous penfons, font corporelles ou incorporelles. Nous exprimons les unes & les autres par certains mots; & à cet égard nous avons des repréfentations fenfibles, mais moins pour les unes, & plus pour les autres.

Si les chofes font corporelles, & que nous les exprimions par certains mots, nous avons dans notre ame une double image fenfible, l'une de l'objet, l'autre du fon ou des traits qui forment fon nom, & qui agiffent fur notre imagination par la vue ou par l'ouïe.

Mais

Mais fi les Objets de nos penfées font incorporels, & néanmoins liés à certains mots, alors notre imagination n'a qu'une image fenfible; c'eft celle que le fon, ou l'écriture, excitent en nous.

Il réfulte de tout cela, que fi l'Ame humaine peut penfer raifonnable-ment aux chofes incorporelles fans l'aide des mots, on doit lui attribuer, à cet égard un Entendement parfaitement pur.

CXVI.

Aiant fait voir §. xciv & *fuiv.* que des gens nés fourds & muets ont penfé raifonnablement, & ont eu des idées de chofes incorporelles, quoi-qu'il foit certain en même tems qu'ils ne penfoient à aucuns mots, puis-qu'ils n'avoient point appris de lan-gue; de plus, les fignes extérieurs par lefquels ils ont cherché à fe faire en-tendre, & ceux par lefquels on eft venu à bout de fe faire entendre d'eux, fuppofant déjà des penfées raifonna-bles en eux, il s'enfuit de-là, que la faculté de l'Entendement pur s'eft ma-nifeftée en eux d'une manière très re-marquable.

Des gens nés fourds & muets aiant eu des idées de chofes incorpo-relles fans mots, ils ont eu par confé-quent un En-tende-ment pur.

CXVII.

CXVII.

D'où découle une nouvelle démonstration de l'immortalité de l'Ame raisonnable.

De tout cela tirons enfin les conséquences fuivantes en faveur de notre caufe.

I. Une Ame fufceptible d'Entendement pur, eft capable de penfer raifonnablement fans le fecours de l'Imagination.

Or l'Ame humaine eft fufceptible d'Entendement pur.

Donc l'Ame humaine eft capable de penfer raifonnablement fans le fecours de l'Imagination.

II. Une Ame, qui eft capable de penfer raifonnablement fans le fecours de l'Imagination, n'a pas un befoin abfolument néceffaire des organes de fon corps pour penfer raifonnablement.

Or l'Ame humaine eft capable de penfer raifonnablement, fans le fecours de l'Imagination. N°. I.

Donc l'Ame humaine n'a pas un befoin abfolument néceffaire des organes de fon corps pour penfer raifonnablement.

III. Une Ame, qui n'a pas un befoin abfolument néceffaire des organes de fon corps pour penfer raifonna-

na-

nablement, eſt capable de penſer de-
même après la mort du corps.

Or l'Ame humaine n'a pas un befoin abfolument néceffaire des organes de ſon corps, pour penſer raifonnablement. N°. II.

Donc l'Ame humaine eſt capable
de penſer raifonnablement après la
mort du corps.

IV. Où il y a des penſées raifonnables, il y a un ſentiment intime de
foi-même.

Or il y a des penſées raifonnables
dans l'Ame après la mort du corps.

Donc il y a auſſi dans l'Ame après
la mort du corps un ſentiment intime d'elle-même.

Si nous ſommes obligés de convenir qu'après la mort du corps, l'A-
me conferve non ſeulement la faculté de penſer raifonnablement, mais
encore celui de ſe ſentir elle-même,
qui en dépend, nous n'avons plus aucun ſujet de douter de ſon immortalité. Car quiconque ſe ſent, vit; &
quiconque ſent & connoît ſes penſées raifonnables, vit entant qu'Etre
raifonnable.

CXVIII.

CXVIII.

*La mê-
me chose
se confir-
me par u-
ne autre
voie.*

Nous avons encore ici un article à
toucher, qui confirmera non seulement l'Immortalité de l'Ame, mais
qui fera voir de plus, que l'Ame a-
près la mort, sur-tout dans les personnes faites, ne sauroit être destituée de sensations, de pensées, de
réflexions, & de la joie ou de la tris-
tesse qui en naissent. Outre l'entendement, & la volonté, l'Ame est pourvue de la mémoire. Elle a la faculté
de se représenter de nouveau le passé
en général, & en particulier les sensations, pensées, réflexions, volon-
tés, & résolutions précédentes. Il y a
bien quelque chose d'analogue chez
les Bêtes, & l'on ne sauroit leur re-
fuser la force de se souvenir, puisqu'autrement il seroit impossible d'en
tirer parti, & de les dresser à quoi
que ce soit. Mais comme les Bêtes,
en vertu de leur constitution essentielle, ne s'élèvent point au dessus
des représentations claires & sensibles, & qu'elles sont entièrement
destituées de vues distinctes & de pensées raisonnables, comme nous l'avons
prouvé en détail §§. LXXIV. & LXXXIV.

il

il en réfulte qu'il doit y avoir entre
leur fouvenir & la mémoire d'une A-
me raifonnable, une différence auffi
grande & auffi effentielle, qu'entre
les repréfentations fenfibles, & l'entendement proprement ainfi nommé,
qui eft la racine, ou le principe de toutes les réflexions raifonnables. Il s'enfuit même de-là, que le fouvenir des
Animaux s'éteint entièrement, dès
que les repréfentations claires des
fens n'ont plus lieu en eux. Au contraire la mémoire de l'Ame raifonnable s'étend non feulement aux fenfations & aux repréfentations précédentes, elle embraffe encore les opérations de l'entendement & de la volonté. Par conféquent une telle mémoire ne périt point, quoique l'A-
me où elle réfide fe trouve dans un
état où elle ne puiffe avoir actuellement aucune fenfation, ou repréfentation. Les notions univerfelles distinctes, & les connoiffances qui réful-
tent de leur liaifon, fubfiftent encore
en elle; & ces chofes appartiennent
proprement à la mémoire d'une Ame
raifonnable. Suppofons après cela,
que le corps d'une Perfonne faite é-

I   tant

tant mort, fon Ame n'ait plus de nouvelle repréſentation ſenſible., & qu'elle
ne puiſſe même ſe ſouvenir de celles
qu'elle a eues autrefois, (ce que nous
n'accordons pourtant pas encore) on
n'a pas le moindre fondement de lui
refuſer le ſouvenir de ce qui s'eſt paſſé antérieurement dans ſon entendement & dans ſa volonté. Et ſi on ne
peut lui refuſer cette eſpèce de mémoire, on doit lui accorder auſſi le
ſentiment d'elle-même, ces deux choſes ne pouvant être l'une ſans l'autre.

CXIX.

Si l'A-
me, après
la mort
du Corps,
eſt ſuſcep-
tible de
contente-
ment.

Enfin, l'on pourroit demander, ſi
l'Ame ſéparée du corps eſt encore
ſuſceptible de quelque contentement.
Pour ſatisfaire à cette queſtion, il eſt
néceſſaire de bien diſtinguer les diverſes eſpèces de contentement dont
l'Homme peut jouïr.

L'Ame humaine a des repréſentations ſenſibles de ce que l'Homme
voit, entend, flaire, goûte & touche;
d'où naiſſent toutes ſortes de panchans, de deſirs & de paſſions. Elle
a de plus un entendement, qui lui ſert
à conſidérer raiſonnablement une choſe, à l'examiner & à en porter des ju-
ge-

gemens, d'où procèdent les détermi-
nations de la volonté. On rapporte
ordinairement aux facultés inférieu-
res de l'Ame les représentations fenfibles , & ce qui eft lié avec elles;
mais pour l'entendement & la volonté, on les attribue aux facultés fupé-
rieures de l'Ame. Les prémières font
communes à l'Homme & aux Bêtes,
mais l'entendement & la volonté forment la différence effentielle entre
l'Efpèce Humaine & celle des Brutes.

De cette double fource peut naître
dans l'Homme un double contentement ; l'un, qui eft l'effet des repréfentations fenfibles ; l'autre, qui eft
fondé dans l'entendement & dans la
volonté. La prémière forte de contentement confifte dans les repréfentations fenfibles agréables, & la feconde dans la connoiffance & l'amour
de la vérité.

Ce qui vient d'être dit peut déjà
faire comprendre, que la feconde forte de contentement eft beaucoup plus
excellente que la prémière, & qu'elle convient proprement à l'Homme,
entant que Créature raifonnable. Car
autant que l'entendement l'emporte

sur les représentations purement sensibles, autant le contentement, auquel on parvient par la voie de l'entendement, surpasse-t-il celui qui naît
des sens. Or les hommes étant susceptibles d'Entendement, dont les
Bêtes sont privées, il est manifeste
que le contentement, qui naît de l'entendement, appartient & convient
proprement à l'Homme.

Il est aisé de reconnoître par tout
cela, que le contentement que pro-
duisent les représentations sensibles,
ne sauroit être de longue durée. Les
Objets corporels, dont la constitution
cause le contentement sensible, ne sont
pas en notre puissance, pour en jouïr
quand & comme nous voulons. Ils
sont sujets à des révolutions perpé-
tuelles, qui altérent le principe de
notre satisfaction. Sans compter que
la constitution même de notre corps,
qui n'est pas non plus en notre puissance, est cause que l'Objet qui nous
plaisoit tout à l'heure, peut nous dé-
plaire un instant après.

Au contraire le contentement dont
l'Homme jouït par le moyen de son
entendement & de sa volonté, est d'u-
ne

ne efpèce fi relevée, qu'il ne dépend
point des circonftances extérieures
des Objets qui frappent nos fens,
Quiconque a pris du goût pour la
connoiffance de la vérité, n'a befoin
pour cela d'aucune fenfation agréable.
L'amour de la vertu & les fentimens
vertueux ne naiffent point des opérations naturelles des Corps, & peuvent fubfifter fans ce fecours. A plus
forte raifon, l'amour de Dieu qui eft
le fouverain Bien, & le plaifir qui
nait de la contemplation de fes divins
attributs, n'ont rien de commun avec
les repréfentations fenfibles, & les
impreffions des Corps. Il y a autant
de différence entre ces chofes qu'entre Dieu même & les Corps. La connoiffance des perfections que Dieu
a manifeftées dans la conftruction de
l'Univers, fe fonde fur de pures vérités univerfelles. Nous y fommes con-
duits par les idées du poffible & de
l'impoffible, du fini & de l'infini, du
contingent & du néceffaire, du muable & de l'immuable, du parfait &
de l'imparfait, & par d'autres notions
femblables. Or toutes ces notions ne
dépendent point des chofes corpo-

I 3   relles,

relles, elles font du feul reffort de l'entendement. Quiconque les a une fois acquifes , & fait les lier enfemble d'une manière convenable, n'a plus befoin que du fentiment de fa propre exiftence ; alors il poffède la connoiffance de la vérité, & avec elle le principe du contentement.

Je veux bien accorder préfentement, qu'après la mort le contentement produit par les fens eft entièrement perdu pour l'Ame féparée du corps ; parce que le corps, qui eft le moyen de communication entre l'Ame & le Monde corporel, eft détruit ; mais il ne s'enfuit point de-là, qu'une Ame, qui eft une fois parvenue à la connoiffance & à l'amour de la vérité, ne foit fufceptible d'aucun autre contentement, & qu'elle ne puiffe même en poffëder un beaucoup plus excellent. Tout comme, au contraire, qui n'a eu de goût ni pour la vérité, ni pour la vertu, doit néceffairement être après la mort du corps une Créature fouverainement miférable.

CXX.

Nous voici parvenus à la fin du fujet

fujet que nous nous étions propofé
de traiter. Mais comme toutes nos
remarques n'ont porté jufqu'ici que
fur les Perfonnes d'un âge formé, on
pourroit encore propofer une question fur les petits Enfans, qui meu-
rent en bas-âge. On demandera ,
s'ils peuvent arriver après la mort à
des idées diftinctes, & à une connois-
fance actuelle de leur état préfent,
puifqu'ils n'y étoient pas parvenus
pendant leur vie.

tat des petits En-
fans après
la mort.

CXXI.

D'abord il faut faire ici quelques obfervations, & rappeller de ce qui précède les propofitions fuivantes.

Dé-
monftra-
tion de
l'Immor-
talité de
leur ame.

1. Les Ames des petits Enfans font
de l'efpèce humaine, puifque les Enfans font produits par les hommes.
Car chacun produit fon femblable.

2. Ce font des Ames raifonnables,
en ce qu'elles poffèdent la faculté effentielle d'acquérir des idées diftinctes, quoiqu'elles ne les poffèdent pas
encore actuellement, §. VIII.

3. Elles font des Etres fimples, indivifibles, & tout à fait différens de
la Matière.

4. Par conféquent elles font en el-

les-

les mêmes indestructibles, incorrupti-
bles, & conservent constamment leur
existence, §. XLVIII.

5. Elles ne peuvent non plus jamais perdre leur essence, §. XLIX.

6. Or l'essence d'une Ame raisonnable consistant dans une force représentative, par laquelle elle est capable de se faire des idées distinctes,
§. LXXI. & l'Ame d'un Enfant mort
ne perdant jamais cette faculté qui
lui est essentielle N°. 5 ; de plus un
Etre, qui demeure toujours susceptible de représentations actives, portant le nom d'immortel, §§. XXI & XXII.
nous devons aussi attribuer l'Immortalité à l'Ame des petits Enfans, a-
près la mort du corps. Et de cette
manière la Démonstration que nous
avons donnée §. LXXXVI. de l'Immortalité de l'Ame en général, demeure
dans sa force.

CXXII.

*Si l'A-
me des
Enfans
arrivera
effective-
ment à
des idées
distinctes.*

On souhaiteroit encore de savoir,
s'il est bien possible que l'Ame d'un
petit Enfant mort, qui conserve le
pouvoir essentiel de se faire des idées
distinctes, & d'avoir les représentations nécessaires pour penser raison-
nable-

nablement, , fi , dis-je , cette Ame
dans un tel état arrivera effectivement à des repréfentations diftinctes
actuelles, qu'elle n'a point eues pendant la vie de fon corps, & fi par
conféquent. elle penfera raifonnablement, & tirera des conféquences for-
melles ? J'avoue qu'il n'eft pas aifé de
répondre à cette queftion, & encore moins de la réfoudre d'une manière qui ne laiffe aucun doute. Les
Théologiens eux-mêmes auroient bien
de la peine à décider pofitivement la
chofe par l'Ecriture Sainte. Ils fe con-
tentent, pour la plùpart, de prouver
par la Révélation la réfurection de
tous les Hommes, fans fe mettre fort
en peine de rechercher quel fera l'é-
tat des petits Enfans après la mort; &
fi, tant qu'ils demeureront féparés de
leur corps, leurs ames auront le fentiment d'elles-mêmes, & arriveront
à la connoiffance actuelle de leur état.
Comme dans ce Traité nous ne prenons pour guide que la Raifon, fans
recourir à l'Ecriture Sainte, il fe préfente d'autant plus de difficulté à donner une Démonftration proprement
dite & en forme fur ce fujet, nous

allons.

allons indiquer la raison qui semble d'abord favoriser la négative, plutôt que l'affirmative de cette question.

CXXIII.

Ce qui feroit pancher vers la négative. L'Ame humaine est unie à un corps, qui est pourvu d'organes sensibles, comme nous l'avons remarqué dès le §. II. Il s'enfuit de-là qu'il doit aussi y avoir des représentations sensibles dans l'Ame, qui se règlent sur la constitution des organes, & qui sont tantôt claires, tantôt obscures, suivant que ces organes sont affectés par les Objets extérieurs. Car, comme on ne sauroit nier une harmonie entre l'Ame & le Corps, quelque hypothèse que l'on adopte d'ailleurs sur la manière dont l'Ame acquiert les idées des Corps qui l'environnent, il faut nécessairement que les représentations sensibles de l'Ame s'accordent avec l'état & la constitution du corps & de ses organes. L'expérience enseigne la même chose ; car quand, par exemple, la structure de l'oreille, entant qu'organe de l'ouïe, est entièrement dérangée, l'Ame n'a plus la moindre sensation ni représentation des sons qui frappent l'air. L'oreille est-elle en partie

tie bouchée, ou les nerfs de l'ouïe
fort relâchés, la représentation du son
se fait d'une manière très foible &
obscure dans l'Ame. Mais quand il
n'y a point de pareils obstacles, la
représentation est claire & vive. Il
en est de-même du reste des idées
sensibles, rélativement aux autres organes de la vue, de l'odorat, du goût
& de l'attouchement. Elles se règlent
toutes sur l'état des sens. Cela donc
présupposé, il semble qu'après l'entière destruction des organes du corps
par la mort, l'Ame ne devroit plus
avoir aucune représentation sensible.
Or l'Ame des Enfans pendant leur
vie n'aiant eu aucun sentiment réfléchi de ses représentations sensibles, on
ne comprend point, comment elle
pourroit s'en souvenir après la mort
du corps. Et de-là procède une grande difficulté, savoir, comment il est
possible qu'une telle Ame parvienne
à des pensées raisonnables, sans lesquelles néanmoins elle ne sauroit être
vraiement heureuse. Car nous avons
montré §. LXX. que les pensées raisonnables & les réflexions ne se trouvent point, où manquent les notions

I 6   dis-

diſtinctes & les idées univerſelles. Et
nous avons auſſi fait voir §§. XIII. & XIV.
comment on peut s'élever par ordre
aux notions diſtinctes & univerſelles,
à la faveur des repréſentations ſenſibles des Individus. Or l'Ame des petits Enfans, ſéparée du corps, ne
paroiſſant plus propre à recevoir des
impreſſions ſenſibles, comme on l'a
dit ci-deſſus, & cette même Ame ne
pouvant ſe rappeller les repréſentations obſcures qu'elle a eu pendant
la vie de ſon corps, il faudra dire,
que ces Ames, tant qu'elles demeurent dans leur état de ſéparation, ne
ſauroient arriver à aucunes réflexions
ou penſées raiſonnables; mais qu'elles
ſe bornent à des repréſentations obſcures dont elles n'ont aucun ſentiment
réfléchi. §. LVIII.; & que par conſéquent on doit les enviſager, comme
plongées dans une eſpèce de ſommeil;
§§. LXXXVIII & LXXXIX.

CXXIV.

Nous avons à-la-vérité obſervé ci-
deſſus, §. LXXVI. qu'il y a une différence eſſentielle entre l'ame d'un
Homme & celle d'une Béte, & que
cette différence conſiſte en ce que la
capa-

Pour-
quoi nous
ne ſom-
mes pas en
état de
décider.

capacité de l'Ame des Bêtes ne s'étend point jusqu'à produire des notions distinctes & universelles, au lieu que l'Ame humaine possède essentiellement celle faculté. Mais cela ne prouve encore autre chose, sinon que l'Ame des Hommes, dans quelque circonstance qu'ils se trouvent, conserve la faculté de penser raisonnablement, mais non qu'elle l'exerce effectivement en toute sorte de circonstances.

cette question par les principes précédens.

Il est de plus, incontestable, que toute faculté suppose une certaine force, propre à le conduire à l'actualité, & qui l'y conduit réellement, quand les circonstances lui permettent de se développer *.

Il

---

* Plusieurs s'étonneront peut-être ici, de ce que je distingue la faculté de la force, vu que l'on confond ordinairement ces deux choses. Mais on ne sauroit se tirer souvent d'affaire autrement dans les Sujets Philosophiques. Les choses qui diffèrent entre elles, excitent des idées différentes; & lorsque les idées diffèrent, il faut aussi divers termes pour les exprimer. Seulement il est nécessaire de leur ôter leur double sens, & pour cet effet de donner à chaque mot sa signification déterminée, afin qu'on sache quelle idée il faut attacher à tel ou tel mot, & par ce moyen qu'on découvre

Il réfulte manifeftement de-là, que
cette force effentielle & durable, qui
s'étend dans les Enfans, entant que
Créatures raifonnables, jufqu'aux repréfentations diftinctes & aux notions
univerfelles, en produiroit effectivement de telles, & en même tems des
penfées raifonnables, au cas qu'il n'y
eût point d'obftacle qui l'en empê-
chât. Mais c'eft-là précifément la question, fi de tels obftacles n'exiftent
pas après la mort des petits Enfans.
Car comme nous avons déjà remarqué

découvre la différence des chofes. Or nous
trouvons une différence entre les chofes, que
nous défignons par les termes de *force* & de
faculté, par conféquent nous fommes en droit
de les diftinguer par des noms différens. Nous
appellons *faculté*, la poffibilité qui fe trouve
dans une chofe de produire une certaine opération. Mais comme l'opération n'auroit jamais lieu, tant qu'il n'exifteroit que la fimple
poffibilité, il faut qu'il furvienne quelque chofe qui fe joigne à cette poffibilité, pour la
conduire à l'acte. Ce qui conduit ainfi le pos-
fible à l'actuel, & change la fimple faculté
en action, nous l'appellons *force*. Or la faculté
feule d'une chofe ne fervant à rien, fi jamais
il n'arrive à l'action, c'eft ce qui nous a fait
dire ci-deffus, que toute faculté fuppofe une
certaine force.

qué que l'Ame des Hommes n'arrive
dans ce Monde aux notions univerfelles & aux penfées raifonnables qu'à
l'aide des repréfentations fenfibles des
Objets corporels; comme de plus l'A-
me des Enfans morts en bas-âge ne
parvient point à de pareilles notions,
& qu'elle eft dépouillée par la mort
de tous les organés corporels; la difficulté confifte toujours en ce qu'on a
peine à comprendre, d'où peuvent lui
venir après la mort du corps des repréfentations fenfibles, qui la conduifent aux idées diftinctes & aux notions univerfelles, dont la force effentielle & la faculté exiftent en elle.

Ce que nous avons prouvé §. XVI.
que les principes univerfels qui fervent
de fondement à toutes les penfées raifonnables, font effentiellement propres à l'Ame humaine, ne nous tire
pas encore de cet embarras. Car ce
n'eft pas à dire que l'Ame raifonnable, dès qu'elle commence à exifter,
s'occupe actuellement de ces principes univerfels, & en fait le fujet de
fes réflexions: mais on entend feulement par-là, que la conftitution effentielle d'une Ame raifonnable eft
telle,

telle, qu'elle règle naturellement ses jugemens fur ces principes, & qu'elle n'a pas befoin d'apprendre d'autrui à s'en fervir; deforte que, dès qu'on lui propofe formellement ces vérités fondamentales, elle les admet d'abord comme reconnues.

Enfin nous avons fait voir auffi §. cxii. que l'Ame raifonnable eft auffi fufceptible d'un entendement pur, & qu'elle a la faculté de penfer fans mots & fans images fenfibles. Mais nous avons obfervé en même tems, que les actes d'un tel entendement ne fe développoient que dans les Perfonnes faites, qui n'ont pas été dépourvues de toutes repréfentations fenfibles; & ainfi l'on ne fauroit conclure abfolument de ce qui fe paffe dans l'ame de ces Perfonnes après la mort du corps, à l'état de l'ame des petits Enfans, dès en bas-âge.

CXXV.

Ce qu'il faudroit démontrer pour réfoudre Philofophiquement. Tout ce que nous venons de dire montre, qu'à moins que de faire des fuppofitions gratuites, & deftituées de fondement, nous ne fommes pas encore en droit d'attribuer le fentiment réfléchi d'elle-même à l'ame des petits

petits Enfans défunts , & que nous
devons la considérer comme vivante
à-la-vérité , mais pourtant dans une
espèce de sommeil. Nous pouvons
bien accorder, qu'il ne seroit pas impoſſible qu'une telle Ame, vu qu'elle
eſt un Eſprit, & qu'elle poſſède la
faculté de l'Entendement, arrivât aux
idées diſtinctes & aux notions univerſelles, ſans aucune ſenſation, ou
repréſentation précédente ; mais la
choſe demeureroit toujours indéciſe.
Car l'expérience du paſſé nous apprenant que notre Ame n'acquiert de
pareilles idées qu'à l'aide des ſens,
qui ſont la route réglée pour y parvenir, on auroit raiſon de nous demander, comment nous prouvons que
les petits Enfans ſuivront après la
mort une route extraordinaire, qui
les conduira au même but. Comme
à mon avis la Philoſophie ne fournit
aucune ouverture là-deſſus, & qu'il
n'eſt pas permis de recourir ici à la
Révélation, outre qu'aucun Théologien que je ſache n'a expliqué diſtinctement cette matière, nous devons
donc laiſſer cette queſtion indéciſe,
ou embraſſer la négative , à moins
qu'on.

qu'on n'entreprenne de faire voir
que les Ames des petits Enfans font
encore fufceptibles de certaines fenfations & repréfentations, propres à
produire des notions diftinctes & univerfelles. Nous ne comptons pas de
donner là-deffus une démonftration
complette, mais nous nous bornerons
à quelques conjectures, fondées fur
certaines découvertes qu'on a fait dans
la Nature.

CXXVI.

Diver-
fes opi-
nions des
Théolo-
giens &
des Phi-
lofophes
fur l'ori-
gine de
l'Ame
humaine.

Ni les Théologiens, ni les Philofophes, n'ont pu jufqu'ici tomber d'accord fur la manière dont fe fait la propagation de l'Amé humaine. Ceux
qui comme nous font de l'Ame un Etre
fimple & tout-à-fait diftinct de la Matière, fe partagent à cet égard en
trois opinions principales. Les uns
croient qu'une Ame procède d'une
autre, & fe fervent de la comparaifon d'un flambeau, à la lueur duquel
s'allume un autre flambeau. D'autres
font dans l'idée que Dieu a créé dès
le commencement autant d'Ames qu'il
devoit naître de Corps, & qu'à la
formation de chaque Corps il y envoie une de ces Ames. Les derniers
efti-

eftiment que les Ames font créées,
& placées dans les Corps, à mefure que ceux-ci s'engendrent. Chacune de ces opinions a fes partifans;
mais elles font toutes fujettes à des
difficultés très confidérables, fur-tout
lorfque les Théologiens y mêlent la
doctrine de l'état naturel de corrup-
tion & de péché, dans lequel les
Hommes fe trouvent préfentement.
A-la-vérite le prémier fentiment plaît
à plufieurs, parce qu'il leur paroit le
plus propre à faire comprendre, comment le péché fe tranfmet d'une génération à l'autre. On dit qu'il eft aifé de voir qu'une Ame fouillée du
péché, ne fauroit en produire que de
femblables à cet égard. Mais quelque
avantage que femble avoir ce prémier
fentiment par la raifon alléguée, il
fe trouve lié à une grande difficulté.
On convient que l'Ame eft un Esprit, & par conféquent un Etre fimple & indivifible; & l'on fuppofe en
même tems qu'elle peut fe multiplier,
& fe reproduire plufieurs fois. Il y a
contradiction là-dedans. Ce qui
eft fimple, & n'a point de parties,
ne fauroit rien donner du fien à un
autre.

autre. Comment donc une Ame, qui est indivisible, produiroit-elle une autre Ame? Pour effectuer une pareille chose, il faudroit qu'elle eût une force créatrice. C'est ce qui a déjà engagé plusieurs Théologiens à rejetter entièrement cette prémière opinion.

La seconde & la troisième ne sont pas sujettes à moins d'inconvéniens. Tous les Théologiens conviennent que le péché doit être attribué beaucoup moins au Corps qu'à l'Ame, dans laquelle il réside proprement. On ne sauroit donc concevoir, qu'une Ame que Dieu a nécessairement créée sans péché, le contracte dès le moment qu'elle s'unit avec le Corps. Cela ne s'accordant pas avec les idées de la justice & de la sainteté de Dieu, plusieurs Théologiens ont cru devoir rejetter aussi ces opinions.

En général elles sont toutes de nature à ne pouvoir nous aider dans l'examen & dans la décision de la question dont il s'agit ici. Voyons si les nouvelles découvertes des Philosophes sur ce sujet, nous seront plus utiles.

CXXVII.

CXXVII.

Depuis qu'on a perfectionné les
Microfcopes, & qu'on s'eft appliqué
à l'étude de la Nature plus foigneufe-
ment qu'autrefois, on a fait bien des
découvertes tout-à-fait inconnues à
nós Ancêtres, & qui paffent encore
aujourd'hui pour incroyables dans l'efprit de plufieurs perfonnes. Qui fe
feroit imaginé, il y a cent ans, qu'il
exifte de petits Animaux, plufieurs
centaines de mille fois plus petits que
le moindre grain de fable? Cependant aucun Philofophe n'en doute, &
il n'y a perfonne qui ne puiffe s'en
convaincre, en faifant ufage d'un bon
Microfcope. Le célèbre Mr. *Nieuwentyt*, dans fa *Démonftration de l'Exiftence de Dieu **, a calculé qu'on voit
par le Microfcope des Animalcules,
dont mille millions pourroient être
contenus dans une feule goûte d'eau.
Nous pouvons juger par-là, quel doit
être le petit œuf d'où ils fortent. On
a auffi fupputé, que l'œuf d'un de
ces Vermiffeaux, que le Microfcope
découvre dans l'eau de pluie, n'eft
pas

*Petiteffe
des Créa-
tures
qu'on a
découver-
tes par
les Mi-
crofcopes.*

* Ch. XXVI. §. II.

pas plus gros que la trente millième
partie d'un petit grain de poussière *.
Tout ce que nous tirerons de ces
observations pour notre usage présent, c'est que des Animaux de cette petitesse inexprimable, aiant vie,
doivent nécessairement avoir une sorte d'ame, & par conséquent certains
sens, qui leur procurent des sensations & des représentations d'Objets.

CXXVIII.

Ce qu'on a décou-vert par rapport à la géné-ration de l'Homme. De plus, *Leuwenboeck*, *Hartsoeker*
& d'autres, ont poussé leurs Expérien-
ces, jusqu'à rendre tout-à-fait vrai-
semblable, que la génération de l'Homme ne se fait point par ce fluïde,
qu'on appelle la semence humaine;
mais qu'elle s'exécute par l'union de
cette semence avec une petite créature vivante, qui existe déjà en forme d'œuf dans le corps de la Mère,
desorte qu'elle dispose à l'accroissement ce prémier principe du corps
humain, jusqu'à ce que les membres se développent peu à peu, &
acquièrent leur figure & leur situation

* Voy. *Wolf*, *Essais de Physique* en Allemand, T. III. p. 438.

tion convenable. Je ne veux pas m'é-
tendre davantage là.deffus.. Ceux qui
fouhaitent du détail, n'ont qu'à recourir à ce que Mr. *Wolf* rapporte d'a-
près divers Auteurs dans le Tome
III. de fes *Effais* §. 99. & dans fes
Réflexions fur les Opérations de la Na-
ture Chap. XVI.

CXXIX.

Un Philofophe, qui réfléchit fur les
Obfervations précédentes, en prend
occafion de conjecturer, que les Ames
humaines ne font pas produites dans
le tems. de la génération, ni par elle ;
mais qu'elles exiftent auparavant, &
même unies à un petit corps doué
de quelques organes fenfibles. Car les
petites Créatures que les Naturaliftes
ont découvert §. CXXVII. & qui fuivant toutes les apparences fourniffent
la caufe la plus prochaine de la génération , font quelque chofe de vivant, & par conféquent elles ont une
ame. Cette ame n'eft pas feule, &
fans fociété avec aucun corps; mais ,
avant même que de fervir à la génération. du corps. humain, elle a déjà
un certain petit corps qui lui appartient, quoiqu'il n'ait encore aucune
figure

Com-
ment on
peut con-
jecturer
de-là que
les Ames
exiftent
avant la
généra-
tion , &
ont cer-
tains or-
ganes des
fens.

figure humaine. Par conféquent un Philofophe trouve ici une ame, non feulement préexiftente, mais déjà affociée à certains organes corporels. D'où il peut aifément conjecturer, qu'il en eft de-même de toutes les Ames humaines.

CXXX.

Pour-quoi cette conjecture ne doit paroitre ni nou-velle, ni dangereu-fe?

Plufieurs Théologiens fe révolte-ront peut-être d'abord contre cette idée; ils ne fauroient pourtant la dé-crier, ni comme toute nouvelle, ni comme dangereufe. On fait que les anciens Pères de l'Eglife ont attribué aux Anges, & à tous les Efprits fi-nis & créés, un corps fubtil appar-tenant à leur effence, & qu'ils ont cru que ce corps avoit été créé en même tems qu'eux. On n'adopte pas leur opinion, mais on ne leur en fait pas une héréfie. Beaucoup moins un Théologien pourroit-il traiter d'hé-rétique une perfonne qui croiroit que l'Efprit ou l'Ame des Hommes a été unie à quelque chofe de corporel dès fa création, puifqu'il eft inconteftable que le corps appartient à l'effence de l'Homme. Auffi bien des gens ont été dans cette idée. Il eft connu qu'il

faut

faut mettre Mr. *de Leibnitz* du nombre. Il découvre son sentiment dans
sa *Théodicée**, en ces termes. „ Com-
„ me la formation des corps organi-
„ ques animés ne paroit explicable
„ dans l'ordre de la Nature, que lors-
„ qu'on suppose une *préformation* déjà
„ organique, j'en ai inféré que ce que
„ nous appellons génération d'un A-
„ nimal, n'est qu'une transformation
„ & augmentation : ainsi, puisque le
„ même corps étoit déjà organisé, il
„ étoit à croire qu'il étoit déjà animé,
„ & qu'il avoit la même ame. . . .
. . . .
. . . . Ainsi je croirois que
„ les Ames, qui feront un jour ames
„ humaines, comme celles des au-
„ tres espèces, ont été dans les se-
„ mences & dans les ancêtres jusqu'à
„ *Adam*, & ont existé par conséquent
„ depuis le commencement des cho-
„ ses, toujours dans une manière de
„ corps organisé, en quoi il semble
„ que Mr. *Swammerdam*, le P. *Ma-*
„ *lebranche*, Mr. *Bayle*, Mr. *Pitcarné*,
                                „ Mr.

* §. 90. & 91. p. 138. du T. 1. de l'Ed.
d'Amst. 1734.

K

,, Mr. *Hartſoeker*., & quantité d'au-
,, tres perſonnes très habiles ſoient
,, de mon ſentiment.   Et cette doc-
,, trine eſt aſſez confirmée par les
,, Obſervations Microſcopiques de
,, Mr. *Leuwenhoek*, & d'autres bons
,, Obſervateurs.

Extrait d'une Diſpute de Plaur.

Cela me rappelle une Diſpute ſou-
tenue à *Wittemberg* en 1712, ſous le
Pro-Rectorat du Profeſſeur en Ma-
thématique *Jean André Planer*. Elle eſt
intitulée, *Nova de animæ humanæ pro-
pagatione Sententia.*

· Dans la Préface, l'Auteur ſe plaint
de ce que les Hommes ſe connoiſ-
ſent ſi peu eux-mêmes, & donnent
pour la plupart tous leurs ſoins à l'examen des choſes qui ſont hors d'eux,
ſouvent à la plus grande diſtance.
,, Communément rien n'eſt plus in-
,, connu à l'Homme que ſa propre
,, ame.   On diſpute encore ſi cette
,, ame eſt un eſprit, ou une matière
,, ſubtile, & l'on ne ſauroit s'accor-
,, der là-deſſus.   Il eſt encore plus
,, douteux, à quelle place du corps
,, l'ame a ſa réſidence propre.   Mais
,, les diſputes les plus vives, & qui
,, durent encore, concernent la pro-
                    ,, paga-

,, pagation de l'ame ". Après ces remarques l'Auteur de la Differtation
veut mettre au jour une nouvelle, &,
à ce qu'il croit, la véritable opinion
fur la propagation de l'Ame humaine,
Et pour cet effet il rapporte auparavant les fentimens des autres fur ce
fujet.

Plufieurs ont trouvé cette queftion
fi embaraffée & fi épineufe, qu'ils n'ont
rien voulu dire de pofitif là-deffus,
L'Auteur rapporte à cette claffe *St.
Auguftin*, *Luther* & *Calvin*, qui ont
eu à cet égard bien des imitateurs.
D'autres ont hazardé des décifions,
& il rapporte diverfes opinions des
Anciens.

De-là il paffe à la Tractation, &
forme les Propofitions fuivantes.

I. Propofition.

L'Ame n'eft point tirée de la puis-
fance de la Matière.

*Anima non educitur è potentiâ mate-
riæ*, p. 9.

II. Pro-

II. Propofition.

L'Ame n'eft point introduite dans la Matière.

Anima non inducitur in materiam, p. 14.

Pour expliquer ces deux opinions qu'il rejette, il dit p. 16. que quelques-uns ont cru, que les Ames n'étoient pas créées immédiatement de Dieu, & mifes en même tems dans les corps ; mais qu'étant faites d'une matière déjà difpofée, elles étoient envoyées ici-bas du Ciel ou du Firmament, par une néceffité naturelle & inévitable. On attribue ce fentiment à *Hippocrate* & à quelques autres.

III. Propofition.

L'Ame n'eft point propagée par Création.

Anima non propagatur par creationem, p. 19.

On obferve ici que *Théodoret*, & prefque tous les anciens Pères de l'Eglife, ont été dans cette idée. On y joint un affez bon nombre de Modernes. L'Auteur fait voir entre autres

très chofes, p. 26. 27. les difficultés
qui s'élèvent contre l'opinion de ceux
qui croient que Dieu crée une ame
à la génération de chaque Homme,
& l'envoie alors dans le corps : difficultés que nous avons auffi touchées
§. CXXVI.

IV. Propofition.

L'Ame n'eft point propagée par
Tranfmiffion.

Anima non propagatur per traducem,
p. 32.

L'Auteur produit encore ici plufieurs Docteurs anciens & modernes,
qui ont cru qu'une Ame peut être
engendrée par une autre, & que de
cette manière les Ames émanènt toujours de la fubftance les unes des autres. Telle a été l'opinion qu'ont a-
doptée *Jean Sperling*, *Jaques Thomafius*, *Daniel Sennert*, *Chriftian Vater*
Docteur en Médecine à *Wittemberg;*
parmi les Pères, *Tertullien;* & d'entre les Théologiens, *Théodore Thummius*, *Jean Tarnovius*, *Jean George
Dorfchæus*, *Balthafar Meifner*, *Abra-
bam Calovius*, *Jean Conrad Dannhauer,*
& *Jérôme Kromayer.*

K 3　　　V. Pro-

V. Propofition.

La propagation de l'Ame fe fait par Union.

Anima propagatur unione, p. 41.

Comme cette propofition eft un peu obfcure, l'Auteur l'éclaircit p. 43. Voici comme il s'exprime : ,, Dans ,, l'ovaire de la Femme eft caché le ,, principe du fruit à venir, & fon a- ,, me eft auffi dans les parens defquels ,, il doit naître. Les Principes des ,, Corps, de-même que les Ames de ,, tout le Genre-humain, ont été pla- ,, cés dans nos prémiers Parens par ,, la Divinité. La forme de chaque ,, fruit préexifte à la génération ; mais ,, comme elle n'eft encore unie à au- ,, cune ame, on ne fauroit l'appeller ,, Homme. Un Homme fe produit ,, par l'union naturelle d'un Corps ,, & d'une Ame. Or l'ame fe trou- ,, ve dans la femence, & ne com- ,, mence pas à exifter à la généra- ,, tion ; elle eft feulement alors unie ,, à ce prémier principe du Corps, ,, qui de fon côté exiftoit auffi déjà. ,, Avant la conception, l'ame exifte ,, effen-

„ essentiellement, & a sa perfection
„ intrinsèque, quoiqu'elle ne puisse
„ pas la donner à connoitre par des
„ opérations extérieures. Ceci n'ar-
„ rive que quand elle vient à être
„ unie au prémier principe du corps
„ par la génération. Les parties
„ qui sont l'Homme, précèdent la
„ conception; mais elles ne sont pas
„ encore unies ensemble d'une ma-
„ nière convenable, desorte que l'on
„ ne sauroit dire, que l'Homme est
„ déjà avant l'acte qui produit cet-
„ te union.

C'est-là le sentiment que l'Auteur
développe plus au long p. 43, 44,
45, & dont nous ne donnons ici
qu'un court Extrait, en faisant plus
d'attention au sens qu'aux termes.

Il reconnoit p. 45. qu'il a trouvé
ailleurs quelques traces de cette hypothèse, mais il ne dit pas un seul mot
de Mr. *de Leibnitz,* quoique sa *Théodicée* parût depuis deux ans. Il garde le même silence sur les découvertes des Philosophes modernes, que
nous avons rapportées §. cxxviii. Ainsi il est certain que cet Auteur ne s'accorde pas avec nous au sujet de l'usa-

K 4   ge

ge de ces découvertes. Mais il convient pourtant avec nous dans ce
point principal, c'est que non feulement l'étoffe originaire de tous les
Corps-humains, mais encore toutes
les ames, ont préexifté dans nos prémiers Parens, & ont été créées avec
eux. Et c'est ce qui m'a engagé à
rendre compte de cette Differtation.

Au refte l'Auteur, avant que de
paffer aux preuves de fa propofition,
trouve néceffaire de donner encore
quelques éclairciffemens. Il dit p. 46.
„ que, bien qu'il foit dans l'idée, que
„ les Ames, qui font unies par la
„ génération aux corps, ont été
„ créées de Dieu dès le commence-
„ ment; il ne croit pas pour cela,
„ que Dieu n'ait créé qu'un certain
„ nombre d'Ames, qui paffent fuc-
„ ceffivement d'un corps dans d'au-
„ tres. Il eftime beaucoup plutôt
„ que chaque corps, qui doit venir
„ à la lumière, a eu dès la Création
„ une ame particulière, qui lui étoit
„ deftinée, & qui ne lui a pas été en-
„ voyée du dehors, mais qui s'unit
„ à lui dans l'acte de la génération.

Les principes fur lefquels il établit
                                    fa

fã proposition, font expofés dans les
pages 48 – 57. Nous n'entrerons pas
dans leur détail, & nous ne produi-
rons ici que ceux qui ferventà éclair-
cir la penſée de l'Auteur. Il allègue
le Docteur en Médecine *Berger*, qui
dans fa *Phyſiol. Med.* Lib. II. c. 1.
prétend qu'on ne fauroit nier fans
choquer le bon-fens, & combattre
la Toute-puiſſance Divine, qu'il n'y
ait dans un très petit eſpace un nombre infini de points, qui comprenn-
nent tout le plan du Corps-humain.
Quand on fuppofe que ce corps existe déjà en petit dans la ſtructure du
corps féminin; & que dans la conception le fruit acquiert la vie, & la
diſpoſition à l'accroiſſement, on évi-
te beaucoup de difficultés. En particulier on n'a pas befoin d'inventer
certains Principes, ou *Natures Plas-
tiques*, qui ne s'accordent guères avec
le bon-fens, & qui difpofent, à ce
que l'on prétend, une matière tout-à-
fait informe à recevoir l'arrangement
fi rempli d'art du Corps-humain.
L'Auteur ajoute p. 50. ,, La pro-
,, duction des deux parties qui cons-
,, tituent l'Homme, eft l'ouvrage de
K 5 ,, Dieu

„ Dieu seul ; mais leur union est
„ l'ouvrage des Parens. Et c'est dans
„ cette union que confiste la géné-
„ ration. Un homme ne sauroit
„ produire ni Matière, ni Esprit, il
„ faut pour cela une force infinie.
„ L'homme ne fait autre chose qu'en-
„ gendrer un autre homme, en as-
„ fociant des parties qui exiftoient
„ déjà depuis longtems dans les Au-
„ teurs du Genre humain, où elles
„ avoient été originairement pro-
„ duites.

· Notre Auteur, en qualité de Philofophe, pour montrer aux Théologiens que fon opinion ne porte aucun
préjudice à la Doctrine du Péché O-
riginel, & qu'au contraire elle la for-
tifie, dit p. 57. „ Si le Péché, com-
„ mis par nos prémiers Parens, s'eft
„ étendu fur toute leur Poftérité, il
„ faut néceffairement que fa propa-
„ gation fe foit faite dans l'ame, qui
„ eft le fiège propre du Péché, &
„ que ce foit par l'ame qu'ils l'aient
„ tranfmis à leurs Defcendans. Or
„ fi cela eft, il en réfulte que toutes
„ les Ames doivent avoir été créées
„ avec eux, & exiftentes en eux,
„ puis-

„ puisqu'une chose qui n'est pas en-
„ core ne peut être propagée.

Dans l'addition p. 62, il examine
la question, si la Propagation des A-
mes se fait par les Hommes, ou par
les Femmes, ou par tous les deux
ensemble. Il rapporte que *Dannhauer*
a regardé cette question comme très
difficile. Il remarque que le même
Savant , aussi-bien qu'*Aristote*, *Scali-*
ger, *Thummius*, *Meisner*, & récemment *Antoine Leuwenhoek*, ont cru que
l'ame procédoit du Père. Il cite entre autres les paroles de *Meisner*, qui
après avoir examiné ce sujet par toutes ses faces, conclut enfin. „ Com-
„ me on ne sauroit dire que l'ame
„ procède aussi-bien du Père que de
„ la Mère, sans donner lieu à des
„ conséquences desagréables, il faut
„ opter, & attribuer la propagation
„ de l'ame à l'un des deux. Si l'on
„ donne la préférence à la Mère, le
„ Père ne demeurera pas le princi-
„ pal Agent, quoique l'Écriture Sain-
„ te aussi-bien que le Consentement
„ universel, le réputent tel. Pour
„ poser quelque chose de certain, il
„ ne reste d'autre jugement à porter,

„ sinon

,, finon que l'ame eft donnée & pro-
,, pagée dans la génération par le
,, Père.

L'Auteur attribue donc à *Meifner*,
de regarder le Père comme le principal artifan de la génération, & c'eft
pour cela que dans l'Ecriture la propagation du péché eft plus imputée
à *Adam* qu'à *Eve*. Il allègue là-des-
fus divers paffages, dans lesquels il
eft dit des Enfans, qu'ils étoient *dans
les reins* de leurs Pères. Il paffe à *Leuwenhoek*, qui dans fes *Arcana Naturæ
Detecta*, prétend que l'ame vient du
Père feul, & cela à caufe de quelques
découvertes qu'il avoit faites par le
Microfcope, & dont nous avons
fait mention §. CXXVIII. Il eft vrai
que *Leuwenhoek* eft dans l'idée, que
non feulement l'Ame, mais encore
le principe du corps-humain procède du Père. Vous trouverez fes paroles à la p. 65. de la Difpute dont
nous parlons. Et à la p. 67. il eft
remarqué, que *Jean Combach* dérive
l'ame du Père, & le corps avec
toute fa formation de la Mère; ce
qui revient parfaitement à notre opinion.

Il

Il propose ensuite le sentiment de ceux qui font venir les Ames de la Femme. Il cite d'abord le Médecin *Berger*, ensuite le Père *Mallebranche*, & *Jean Swammerdam*, qui dans son Livre intitulé, *Miraculum Mundi, sive Uteri Muliebris Fabrica*, c. 1. dit entre autres choses: „ En supposant ce „ que j'ai déjà dit, & observé dès „ l'an 1669 au sujet des Insectes, on „ ne trouve à mon avis dans toute la „ Nature aucune génération proprement „ ment dite, & on ne peut regarder „ ce qui porte ce nom que comme „ une propagation, ou un accroisse-„ ment. Si cela est ainsi, comme je „ n'en doute nullement, on voit clairement „ rement, dans quel sens l'Ecriture „ a pu dire, que *Lévi* avoit paié la „ dîme longtems avant sa naissance, „ lorsque *Melchisédec* vint au devant „ d'*Abraham* aieul de *Lévi*; car il é-„ toit déjà dans les reins de ce Patriar-„ che, comme toutes les parties d'un „ Animal sont dans l'œuf . . . . . . „ Nous trouverons par ce moyen, „ que tout le Genre-humain a été „ renfermé dans *Adam* & *Eve*; d'où „ nous pouvons déduire cette con-„ sé-

K 7

„ féquence néceffaire, que quand
„ tous les petits œufs qui recèlent le
„ principe des Hommes feront épui-
„ fés, l'Efpèce Humaine prendra fin.

Enfin notre Auteur paffe auffi en
revue ceux qui ont dérivé l'Ame du
Père & de la Mère également, & il
met de ce nombre *Dannhauer*, *Sennert*
& *Sperling*.

Mais lorsqu'il eft queftion de s'ouvrir fur fon propre fentiment, il dit
qu'il aime mieux le garder par devers
foi, pour ne point fcandalifer les gens
qui ne tiennent pour vrai que ce qui
a été cru depuis longtems; ou ceux
qui ne fauroient fupporter la liberté
de Philofopher; ou enfin ceux qui fe
laiffent entraîner par des paffions déréglées, dont la force les met hors
d'état de diftinguer le vrai du faux.

Revenons à l'opinion de la préexis-
tence des Ames dans les principes
des Corps. Ce qu'elle femble avoir
de dangereux au prémier coup d'œil,
difparoit fi l'on fuppofe avec Mr. *de
Leibnitz*, que toutes les Ames Humaines organifées, qui ont vu & ver-
ront le jour jufqu'à la fin du Monde,
étoient actuellement contenues dans
le

le premier Homme. Au moins ne
trouvera-t-on pas plus de difficultés
dans cette hypothèse, que dans toutes les autres qui sont connues jusqu'à
présent, & que plusieurs Théologiens
même ont adoptées. Car si quelqu'un
hésitoit sur le nombre innombrable
d'Ames organisées qui ont dû se
trouver toutes dans *Adam*, il sera aisément rassuré par ce que nous avons
déjà rapporté §. CXXVII. & sur-tout
par la lecture du XXVI. Chap. de l'Ouvrage de Mr. *Nieuwentyt*, où il traite
de la multitude innombrable, & de
la petitesse incompréhensible des parties de la Matière. ,, Il dit entre au-
,, tre choses *, que dans l'espace d'u-
,, ne Seconde, il s'exhale d'une chan-
,, delle allumée, du poids de six à la
,, livre, beaucoup plus de parties
,, que mille fois mille millions de
,, globes de la Terre ne contien-
,, droient de grains de sable, dont
,, cent placés à côté l'un de l'autre
,, feroient un pouce. Sur quoi il a-
,, joute p. 693. Je laisse à juger, s'il
,, peut y avoir rien de plus étonnant
                                    ,, &

* p. 692. §. 17.

,, & si l'on ne se perd pas dans la pe-
,, titesse & la multitude de ces par-
,, ties de chandelle, quand il n'y au-
,, roit de vrai que ce que nous avons
,, dit, quoique chacun puisse inférer
,, de nos Observations précédentes,
,, que si nous avions calculé à la ri-
,, gueur, il en seroit résulté un nom-
,, bre fort supérieur au nombre indi-
,, qué, & tout-à-fait inconcevable.

CXXXI.

*Com-
ment se
fait la
Forma-
tion du
Corps
Humain.*

Avant que de nous approcher davantage de notre but, examinons briè-
vement de quelle manière le Corps
Humain se forme. Nous ne pouvons
employer ici que la voie des Conjectures, en suivant les découvertes que
les Naturalistes ont faites jusqu'à présent.

Nous avons montré §§. cxxviii &
cxxix, ce que les Découvertes actuelles font présumer de l'origine de l'A-
me Humaine, & de la cause prochaine de la génération de l'Homme.
Tous les Physiciens reconnoissent aussi présentement, que les parties du
Corps Humain se développent & se
façonnent dans l'ovaire de la Femme,
après avoir reçu un mouvement vital
par

par l'acte de la génération. Il est question seulement, de chercher où se
trouve l'étoffe, le prémier principe
des membres humains, qui se produi-
sent insensiblement. Suivant nos Remarques précédentes, cette étoffe originale doit être, ou dans la petite
créature déjà vivante qui procure la
conception, ou dans l'ovaire de la
femme, ou bien chacun y contribue
du sien.

La prémière opinion a beaucoup de
vraisemblance, & elle est conforme à
ce que. *Malpighi* a observé avec tant
d'exactitude sur les œufs couvés, &
qu'il a communiqué à la Société Royale de Londres, dans l'Ecrit intitulé,
de Ovo incubato. Ses Observations pe-
sées attentivement, ne permettent de
tirer d'autre conclusion, sinon que le
globule, qui est ensuite couvé, étoit
caché dans le petit animal que le
Coq a introduit dans le corps de la
Poule, & que le reste de l'œuf ne contribue à la formation du Poulet, qu'entant qu'il est mis en mouvement par
la chaleur naturelle de la Poule, ou
par quelque art, & qu'il est requis
pour l'accroissement & le dévelop-
pement.

pement de tous les membres. Or comme il se trouve dans le corps féminin quelque chose d'analogue à l'ovaire de la Poule, on en peut conclure que la génération & la formation de l'Homme arrivent de la même manière. Et la Nature nous offre encore quelques ouvertures, qui méritent une considération plus attentive.

CXXXII.

Raisons de croire, que tout le Principe du Corps est dans la Femelle, & que l'Ame organisée vient du Mâle.

On sait que de l'accouplement de l'Ane avec la Cavale naît un Animal qui a quelques parties qui tiennent de l'Ane, mais dont le corps est celui d'un Cheval. Si la structure du corps étoit contenue dans ce que le Mâle fournit pour la génération, le corps d'un Mulet devroit ressembler à l'Ane plutôt qu'au Cheval. Et l'expérience prouve le contraire. Je vais alléguer encore un exemple, qui s'accorde avec le précédent.

Je me rendis un jour à l'Hôpital, qu'on nomme *la Charité*, situé hors de la Porte de *Berlin*, dite d'*Oranjebourg*, & j'y vis la baffecour. Parmi la Volaille, je pris garde à un Canard, qui avoit des piés de Poule très exactement configurés, quoique
tout

tout le refte du corps & les plumes
fuffent d'un Canard. Je m'informai
d'abord d'où venoit cet Animal. Le
Chirurgien de cet Hôpital, qui étoit
préfent, me dit que ce Canard lui
appartenoit, & qu'il l'avoit eu de la
manière fuivante. Ce Chirurgien pan-
foit une plaie dans quelque maifon.
Il y avoit un Canard dans la chambre,
& la porte étoit ouverte. On vit entrer un Coq avec impétuofité, qui
couvrit fur le champ la Cane. La-def-
fus l'Hôteffe affura le Chirurgien, que
cela arrivoit fouvent. Auffitôt il demanda quelques œufs de cette Cane.
Il les fit couver, & en eut l'animal
métif en queftion.

Les circonftances de ce cas s'accordent avec celles du précédent. Le
principal de la ftructure du corps ref-
femble à la Mère dans l'un & dans
l'autre, & tous les deux ont auffi
quelques traces de Mâle. Il me femble avoir remarqué la même chofe dans
l'Oifeau qui naît du Serin de Cana-
rie & du Chardonneret, quoique je
ne puiffe pas l'affurer pofitivement.

Il s'agiroit donc de favoir, fi de
pareils exemples ne mettent pas en
évi-

évidence que l'étoffe originale & principale du Corps se trouve dans le Sexe Féminin, mais que l'Ame liée à quelque chose de corporel procède du Sexe Masculin.

.CXXXIII.

Eclair-
aissemens
en faveur
de cette
Opinion,
& solu-
tion de
quelques
difficul-
tés.

Ce sentiment paroit à-là-vérité sujet à de grandes difficultés, sur tout si l'on prétend, conformément au §. CXXIX que non seulement l'Ame, mais encore toute l'étoffe primordiale du Corps-humain est contenue dans ce que le Mâle fournit par la génération. Mais, sans compter qu'il se trouve des difficultés de tous côtés, celles qui se présentent ici ne sont pas si fortes, qu'on ne puisse à peu près les lever.

On dira peut-être, qu'il est impossible de découvrir dans l'ovaire de la Femme aucun principe qui représente le Corps-humain & la disposition de ses membres. Je l'accorde; mais il ne s'ensuit pas de-là, que ce principe n'y existe point. Qui peut appercevoir, par exemple, dans le petit œuf d'une Chenille la forme & la figure de ce Ver, ou celle du Papillon qui en nait ensuite? Cependant

on

on doit convenir que le principe de l'un & de l'autre se trouve caché dans cet œuf. Le Nature fournit plusieurs exemples de cette sorte.

On continuera d'objecter, que suivant le sentiment exposé dans le §. précédent, deux Corps s'unissent ensemble, savoir celui qui étant associé à l'ame procède du Mâle, & celui dont le principe existe dans le corps de la Femelle. Je veux l'accorder en quelque façon. Mais cette difficulté n'est point insurmontable, quand on conçoit bien la chose. Je suppose que toute l'étoffe originale du corps-humain est dans l'ovaire de la Mère, mais qu'elle ne commence à se développer qu'après la jonction d'un petit corps animé procédant du Père. Je conçois de plus que ce petit corps qui renferme l'Ame ne se lie & ne se fond pas avec l'étoffe du Corps-humain; mais je pense qu'il ne conserve que le domicile tout-à-fait subtil où l'Ame réside, se dépouillant peu à peu de tout le reste, comme inutile & superflu. De cette manière le petit corps animé a son utilité, quoiqu'il ne fournisse pas l'é-

toffe

toffe du Corps-humain. Il contient en
foi le fiège propre de l'Ame, il fert
dans la génération à introduire l'Ame
d'une manière convenable dans l'o-
vaire de la Mère; il met auffi par fa
vie & fon mouvement fubtil, la matière propre à former le Corps humain, dans une agitation qui produit le développemént des membres.
Quand tout cela eft exécuté, il a rempli fa deftination naturelle, & ne fert
plus à rien.

Si l'on demande encore, où je place ce petit domicile de l'Ame, qui fubfifte, & comment l'ame y entre, voici ma réponfe. On ne fauroit prétendre ici plus de moi, que ce que nous
apprennent nos propres penfées. On
croit que l'Ame en elle-même n'eft
point organifée, & qu'en qualité d'efprit, elle fe fépare du corps par la
mort, fans conferver d'organe fenfible. Néanmoins on s'imagine qu'elle
a une certaine place dans la tête, qu'on
n'eft pas en état de déterminer. Il
faut donc fe contenter de l'aveu
que je fais, que la place propre du
Corps-humain, où l'Ame organifée
dès la Création fait fa réfidence, m'eft
in-

inconnue. Mr. *Stenon*, qui en 1668
fit dans les doctes Conférences qui
fe tenoient à *Paris* chez Mr. *Thévenot*,
un Difcours fur la conformation du
Cerveau, que Mr. *Winflow* a inféré
dans la 2. Partie du Tome IV. de
fon *Expofition de la ftructure du Corps
Hnmain* * ; Mr. *Stenon*, dis-je, prétend à-la-vérité, que le Cerveau eft le
principal organe de notre ame, mais
il avoue ingénument qu'il n'en connoit pas à fond la ftructure, & qu'il
ne fauroit rendre raifon de l'ufage de
chacune de fes parties. Si l'on veut
faire de la *Glande Pinéale* le fiège propre de l'Ame, j'y confens volontiers.

Quant à la feconde queftion, comment cette Ame organifée avant la
génération, arrive dans la formation
du Corps-humain, & après que fon
petit corps a été détruit, à la place
qui lui convient ; je m'engage à répondre, quand on m'aura appris comment ce qui entre dans l'ovaire de la
Poule va occuper précifément le milieu de l'œuf conçu, pondu & couvé,
pour tirer de-là la nourriture néces-
faire

* p. 459.

faire pour ſon accroiſſement, comme *Malpighi* l'a obſervé. Quand nous ne ſaurions arriver aux dernières raiſons des Phénomènes naturels, nous ſommes obligés de nous en tenir aux probabilités & aux conjectures.

CXXXIV.

Remarque néceſſaire ſur ce ſujet. J'ai déjà dit plus d'une fois, qu'il n'y a point de principes certains & démontrés, qui puiſſent réſoudre la queſtion, ſi l'Ame des petits Enfans qui n'ont pas eu le moindre uſage de la Raiſon pendant leur vie, l'acquiert après la mort. Ainſi je me ſuis borné à tirer quelques conjectures des nouvelles découvertes faites par les Naturaliſtes. C'eſt un avertiſſement que je ſuis bien aiſe de répéter ici, afin que perſonne ne prenne la peine inutile de m'intenter quelque procès, ſi tout n'eſt pas de ſon goût. Et pour plus de préciſion, je vais encore une fois expoſer nettement l'état de la queſtion, & paſſer d'abord à la réponſe.

CXXXV.

Etat de la queſtion. La queſtion n'eſt pas de ſavoir, ſi l'Ame des petits Enfans poſſède eſſentiellement la faculté d'arriver à l'uſage

ge actuel de la Raifon ; perfonne ne
fauroit leur contefter ce pouvoir,
puifque ce font des Ames Humaines.
Il ne s'agit pas non plus d'examiner,
fi ces Ames fubfiftent après la mort,
& fi elles font en elles-mêmes immortelles ; car le §. c x x i. a déjà fatis-
fait à ces demandes. Mais tout roule
fur ceci, favoir, fi un Philofophe
trouve dans la Nature des traces qui
puiffent lui faire juger, au moins
conjecturalement, qu'il foit poffible
que les Ames des petits Enfans, qui
pendant leur vie ne font pas parve-
nues à l'ufage de la Raifon *(Nota bene)*
par la route ordinaire, c'eft-à-dire, à
l'aide de certaines repréfentations
fenfibles, y parviennent après la mort ?

Les diverfes remarques que nous
avons faites jufqu'à préfent, vont nous
fervir à réfoudre cette queftion.

CXXXVI.

En nous rappellant ce qui précède,
nous ferons convaincus que les A-
mes Humaines en général, & par conféquent celles des petits Enfans, ont
déjà des difpofitions entières à penfer
& à conclure raifonnablement que la
faculté effentielle y eft. §. cxxxv. Tou-

*Il n'y a
point
d'obftacle
dans l'A-
me des
petits
Enfans,
qui les*

L   te

empêche d'arriver à l'usage de la Raison.

te faculté est liée avec une certaine force, & toute force consiste dans un effort continuel, qui conduit la faculté à l'acte §. CXXIV. Par conséquent il y a dans l'ame des petits Enfans un effort continuel, tendant à produire des pensées raisonnables. Nous avons de plus montré §§. XVI. & XVII. que toutes les Ames Humaines renferment les principes universels & fondamentaux, sur lesquels reposent toutes les vérités. Puis donc que la capacité de penser raisonnablement existe dans l'ame des petits Enfans, que les principes de toutes les vérités y sont, que l'effort de produire des pensées raisonnables s'y trouve, & qu'enfin tout effort produit son effet quand il n'y a point d'obstacle; on peut conclure de tout cela, que l'ame des petits Enfans parvient après la mort aux pensées raisonnables, pourvu seulement qu'il ne se rencontre point d'obstacles. Or c'est à ceux qui contestent notre assertion, à alléguer ces obstacles.

Mais comme il ne faut pas les chercher dans la constitution naturelle de l'Ame, qui n'en oppose aucun, on ne

ne fauroit les trouver que hors de
l'ame, & dans les circonſtances extérieures, où elle ſe trouvera après la
mort. En ce cas on dira que les Ames
étant féparées par la mort de tous les
objets corporels, n'en ont par conſéquent plus de repréſentations fenſi-
bles: Or comme ce ſont ces objets
qui fourniſſent à l'Ame Raiſonnable
l'occaſion d'exercer ſa force, & d'arriver aux notions univerſelles & aux
conſéquences raiſonnées, comme on
l'a fait voir §. XVII. le principal ob-
ſtacle conſiſteroit en ce qu'on ne peut
pas comprendre comment les Ames
des petits Enfans, qui n'ont encore
eu aucun uſage de la Raiſon, peuvent
y arriver après la mort par les voies
ordinaires. Il ſemble qu'il en ſoit
comme d'un homme qui auroit du
panchant & de la capacité pour apprendre une choſe, mais à qui les
occaſions manquent, & qui, malgré
ſon talent naturel, eſt hors d'état de
rien produire. Mais comme il s'agit
purement de ſavoir, ſi l'on peut attribuer aux Ames des petits Enfans
après la mort des repréſentations ſenſibles, qui produiſent non ſeulement

en elles un fentiment réfléchi, mais auffi des penfées raifonnables; éclairciffons à préfent ce point.

CXXXVII.

Comment un Enfant arrive dans le Monde à l'ufage de la Raifon.

La voie ordinaire par laquelle un Enfant nouveau-né parvient d'abord à fe fentir lui-même, & dans la fuite à faire ufage de fa Raifon, ce font les repréfentations fenfibles. Celles-ci fe font à-la-vérité proprement dans l'Ame, mais elles fe règlent fur les objets qui affectent extérieurement le corps de l'homme. L'expérience en fait foi, quoiqu'on ne puiffe pas encore dire avec une pleine certitude, comment il arrive proprement que les repréfentations de l'ame s'accordent avec les objets qui agiffent fur le corps. Mais pour le préfent nous ne faifons attention qu'aux leçons de l'Expérience. Si donc les objets corporels, placés hors du corps d'un petit Enfant, font diverfes fortes d'impreffions fur lui, & que l'ame en ait des repréfentations & des fenfations, cela lui fournit occafion de prendre garde à elle-même, & c'eft ainfi qu'elle commence à penfer. Elle obferve qu'il y a hors d'elle d'autres chofes,

dont

dont elle confidère les repréfentations.
Elle en vient jufqu'à mettre de la dis-
tinction entre elle & les autres objets, & en même tems à fe fentir elle-même.

Les organes fenfibles des Enfans
nouveau-nés ne font pas encore auffi
parfaits, qu'ils le deviennent avec l'â-
ge. Comme ils dorment plus qu'ils
ne veillent, c'eft une marque que les
fens font plus bouchés chez eux que
dans les perfonnes d'un bon âge qui
font en fanté. La ftructure de leur
oreille montre que le fon ne fauroit
la frapper auffi commodément que
l'oreille d'un Homme. Et l'expérience enfeigne auffi que les Enfans
nouveau-nés ont bien quelque fenfation du fon, mais que les divers tons
n'excitent pas en eux des fenfations
différentes. Un cri, & même un coup
de tonnerre, ne réveillent pas plus
leur attention que le doux fon d'un
Luth, ou de quelque autre Inftru-
ment. Leurs prunelles errantes témoignent que tout leur paroit fort
confus, & qu'un objet ne les frappe
pas plus qu'un autre. Il eft auffi fa-
ile de juger de la foibleffe de leur

odo-

odorat, par le peu de fensibilité qu'ils
font paroître pour de mauvaises ex-
halaifons, dont les perfonnes faites
font incommodées. Le goût femble
être leur organe le plus formé ; au-
lieu qu'au contraire leur attouchement a un degré de fensibilité fort
inférieur à celui des Hommes. Ils
endurent fans émotion fur leur vifage
une mouche, qui feroit infupporta-
ble à une perfonne dont la peau ne
laiffe pas d'être beaucoup plus épaiffe.
Or comme il y a une harmonie entre
la conftitution des organes fenfibles
du Corps, & les repréfentations de
l'Ame, il eft aifé d'en inférer que
celles-ci doivent être fort obfcures
dans les petits Enfans. Et comme
nous avons montré §. LXIX. que les
idées obfcures ne fuffifent pas pour
penfer raifonnablement, nous en concluons qu'il ne fe trouve aucune penfée raifonnable dans les petits Enfans.
Mais plus leurs organes fe perfection-
nent, & plus les idées de leur ame
deviennent claires, ce qui leur donne les moyens d'exercer la faculté effentielle qu'a leur ame de produire
des idées diftinctes & univerfelles. Et
c'eft

c'eſt ainſi que naiſſent dans l'ame d'u-
ne manière inſenſible , des penſées
raiſonnables liées entre elles , & des
conſéquences.

Telle eſt la voie ordinaire , par laquelle un petit Enfant , placé dans
le Monde , où ſon corps exiſte dans
la Société du Genre-Humain , arrive
à l'uſage actuel de ſon Entendement
& de ſa Raiſon. Si quelqu'un n'eſt pas
content de cette explication , qu'il en
produiſe une plus claire. Je ſuis au
moins certain , qu'il n'avancera rien
que je ne puiſſe ajuſter à mon but
dans la ſuite , auſſi commodément que
ce que je viens de propoſer.

CXXXVIII.

Que les choſes ſe paſſent donc comme l'on voudra , il me reſte à montrer , qu'en ſuppoſant les nouvelles
Découvertes que les Philoſophes ont
fait dans la Nature , & que j'ai alléguées ci-deſſus , on peut en inférer ,
qu'il eſt poſſible que les ames des petits Enfans , ſéparées du corps , parviennent au ſentiment-réfléchi , & à
l'uſage actuel de la Raiſon , d'une manière ſemblable à celle qui les y auroit
conduit , ſi elles étoient demeurées

Comment une voie ſemblable conduit les Ames des petits Enfans ſéparées des corps à l'uſage de la Raiſon.

L 4 dans

dans ce Monde. Le Lecteur aura pourtant la bonté de se souvenir, que nous n'allons pas au-delà des conjectures.

Nous avons remarqué §. cxxix. que suivant toutes les apparences les Ames Humaines ne sont pas produites dans la génération, ni par elle; mais qu'elles préexistent,& même pourvues d'un petit corps doué de quelques organes sensibles. Nous en avons conclu §. cxxx. avec Mr. *de Leibnitz*, que les Ames Humaines ont existé dès le commencement dans *Adam* avec une espèce de corps organisé; & c'est le meilleur moyen de faire comprendre, comment il est possible que l'Ame, qui est Esprit, se propage & passe par la génération naturelle d'un homme à l'autre. Nous en concluons, de plus, que le Créateur a mis une liaison non seulement essentielle, mais encore tout-à-fait indissoluble dans la Nature entre l'Ame & son petit domicile corporel. Car cette sorte d'Esprits, que nous nommons Ames, étant proprement destinés à la Société des Corps du Monde, & à parvenir par leur connoissance à celle du Créateur,

teur, pour laquelle fin ils font doués
de la force de l'Entendement, & de
la faculté effentielle d'avoir des repréfentations fenfibles; il eft fort convenable que, dès qu'ils commencent
à exifter, ils aient un domicile corporel durable, qui eft le prémier organe dont ils fe fervent pour acquérir
la connoiffance des Corps du Monde
& de leur conftitution. Nous avons
enfin conjecturé, *§. cxxxii.* que l'é-
toffe originale du Corps Humain fe
trouve principàlement dans le Corps
Féminin, & que, *§. cxxxiii.* le petit
corps qui eft lié à l'ame, ne fournit
pas le principe propre du Corps Humain, mais qu'il ne fert qu'à y introduire l'Ame, & à l'unir avec lui,
à la faveur de ce domicile fi fubtil,
qu'aucun Microfcope ne fauroit le
découvrir. Si les chofes font ainfi, il
eft facile de comprendre, que quand
même tout le Corps Humain feroit
détruit & diffous par la mort, l'Ame
ne perd point fa prémière demeure,
mais qu'elle la conferve conftamment
après la mort. Et par ce moyen les
Ames féparées du corps, demeurent
encore en liaifon avec les Objets fen-

L 5

fibles du Monde, à l'aide de leur fubtil véhicule.

Cela fuppofé, l'Ame organifée,
dans quelque lieu que nous la pla-
çions après la mort, demeurant pourtant dans le Monde créé, & par conféquent en liaifon avec les Objets
corporels, ceux-ci peuvent toujours
faire des impreffions fur fon domicile.
Je conviens fans peine que ces impreffions ne fauroient procéder des
Objets matériels & groffiers, qui agiffent fur notre corps dans ce Monde.
Mais les Naturaliftes favent qu'il y a
dans le Monde des Corpufcules dont
on ne fauroit nier l'exiftence, quoique
leur fubtilité échappe à tous les Microfcopes. Qui a jamais vu, par exemple, les parties de l'Air, qui ont
néanmoins leur preffion & leur poids,
& qui produifent des effets fi vio-
lens? Et que dirons nous des Corpus-
cules lumineux? aucun Phyficien ne
s'imaginera jamais de pouvoir les rendre fenfibles au Microfcope. Nous ne
pofferons pas plus loin nos recher-
ches fur les principes cachés des forces de la Nature. En voilà affez pour
faire comprendre qu'il peut y avoir
bien

bien des chofes, qui affectent le domicile indeftructible de notre ame après la mort du corps.

Si cela arrive, les idées & les repréfentations en exiftent dans l'ame. Et ainfi les ames des petits Enfans féparées de leur corps, peuvent arriver au fentiment d'elles-mêmes , & aux penfées raifonnables par la même voie qui les y auroit conduit dans leur union avec le Corps Humain. Je dirois prefque, qu'elles y arrivent encore plutôt. Car leurs organes fenfibles étant encore fort imparfaits pendant la vie de leur corps, comme nous l'avons montré dans le §. précédent, tous les objets ne fauroient manquer de fe repréfenter à eux d'une manière fort confufe. Ajoutez à cela, qu'il y a pendant notre propre vie, parmi les objets qui frappent nos fens, tant de chofes compofées d'une multitude de parties, & d'une efpèce groffière, qui ne produifent que des repréfentations obfcures. Or les repréfentations, dès qu'elles ne parviennent pas à un certain degré de clarté, ne font pas capables de nous procurer le fentiment de nous-mêmes, & de nous

L 6 con-

conduire aux notions diftinctes univerfelles, §. LVIII. Au contraire, tout
ce qui agit fur le domicile de notre
ame après la mort, eft déjà quelque
chofe de plus fimple, d'où s'enfuit
qu'il doit y avoir plus de diftinction
dans les idées que l'ame s'en forme;
& ainfi la faculté effentielle de l'A-
me , & fon effort continuel de produire des idées diftinctes §. CXXXIV.
peuvent plutôt fe développer. N'oublions pas que l'Ame eft douée de la
faculté d'un entendement pur & dégagé d'images groffières & de mots,
comme nous l'avons montré §. CXVI.
obfervation dont on peut faire ufage
ici, dans l'examen de l'état des petits
Enfans après la mort.

CXXXIX.

Je ne fai fi les Philofophes, & fur-
tout fi les Théologiens s'accommode-
ront de tout ceci : cependant les é-
clairciffemens que je vai leur donner,
pourront peut-être les fatisfaire.

Un Philofophe peut bien former
des difficultés contre une hypothèfe,
mais il ne fauroit la faire paffer pour
fauffe, à moins qu'il ne puiffe montrer qu'elle renferme quelque chofe

de

dè contradictoire , ou qu'elle ne ré-
pande aucune clarté fur le fujet pour
lequel elle eſt faite. Au contraire,
un Théologien fe croit en droit d'aller plus loin. Car comme on ne fauroit conteſter l'impoſſibilité de toute
propoſition , qui combat formellement
l'Ecriture Sainte, ou de laquelle on
peut tirer des conſéquences fauſſes &
dangereuſes, un Théologien eſt au-
toriſé à peſer à cette balance les pro-
poſitions qui font du reſſort de la
Théologie , & à les juger fuivant ces
principes. Mais il arrive auſſi fouvent par ce moyen, qu'on pouſſe les
choſes trop loin. Quelquefois on rejette une propoſition , uniquement
parce qu'elle ne fe trouve pas en termes exprès dans l'Ecriture , quoiqu'on ne puiſſe pas prouver qu'elle
y répugne. C'eſt ce qui arriva en
Allemagne à *Vergile*, qui fur le rapport de St. *Boniface* au Pape *Zacharie* , fut déclaré hérétique , parce
qu'il croyoit les Antipodes , dont l'E-
criture ne parle point. Il arrive encore bien fouvent, qu'un Théologien,
pour expliquer les Livres Sacrés, fe fert
lui-même d'une hypothèfe non démon-
L 7 trée,

trée, & que la donnant pour une vérité inconteſtable , il regarde toute
propoſition qui la contredit, comme
contraire en même tems à l'Ecriture
Sainte. Ou bien, dans la prémière
chaleur, & ſans réflexion ſuffiſante,
on tire d'une propoſition quelque conſéquence qui n'en découle pas, & on
s'en ſert pour la décrier comme per-
nicieuſe. L'hypothéſe de *Copernic*
ſur le mouvement de la Terre, a es-
ſuyé le prémier de ces deux procé-
dés, & l'autre a été mis en œuvre
contre l'*Harmonie Préétablie.*

Si donc quelque Philoſophe ou
Théologien veut à préſent s'élever
contre ma conjecture, je ſuis en droit
de prétendre qu'ils ſe tiennent chacun dans les bornes que je viens de
tracer.

CXL.

Réponſe aux diffi-
cultés des
Philoſo-
phes.
Dès qu'un Philoſophe pourra démontrer, que l'opinion de la Préexiſten-
ce des Ames Humaines à la génération des corps, & de leur union antérieure avec un petit corps organi-
ſé, renferme une vraie contradiction,
il l'aura vraiment réfutée. S'il peut
auſſi faire voir, que cette hypothéſe
n'ex-

n'explique point, comment l'Ame entre dans le corps-humain à fa généra-
ration , ou comment, au cas d'une
mort prématurée du corps, elle arrive enfuite aux idées diftinctes & aux
penfées raifonnables , c'en eft affez
pour la faire rejetter. Mais s'il fe
borne à étaler de pures difficultés, il
s'agira d'examiner de quel côté il
y en a le plus,& fi les plus confidérables de celles qu'on nous oppofe ne
peuvent pas être exténuées.

Voici, par exemple, une difficulté
contre le fentiment en queftion, prife de ce que nous avons avancé §.
cxxxviii. qu'une Ame après fa fépa-
ration prématurée, arrive aux idées
diftinctes par la voie ordinaire , parce
qu'elle demeure organifée. Car, dira-
t-on, comment n'y eft-elle pas parvenue longtems avant que d'être u-
nie au corps-humain , puifque fuivant l'hypothèfe , elle exiftoit déjà
depuis plus de trois mille ans dans un
état d'organifation?

Mr. *de Leibnitz* paroit avoir apper-
çu cette difficulté. C'eft ce qui l'a
conduit à la penfée qu'il exprime en
ces

ces termes *. „ Mais il me paroit en-
„ core convenable pour plusieurs rai-
„ fons, qu'elles (les Ames Humai-
„ nes) n'existoient alors qu'en ames
„ fensitives ou animales, douées de
„ perception & de fentiment, &
„ destituées de Raison ; & qu'elles font
„ demeurées dans cet état jusqu'au
„ tems de la génération de l'homme
„ à qui elles devoient appartenir ;
„ mais qu'alors elles ont la Raison,
„ soit qu'il y ait un moyen naturel
„ d'élever une ame fensitive au degré
„ d'ame raisonnable, (ce que j'ai de
„ la peine à concevoir) soit que
„ Dieu ait donné la Raison à cette
„ ame par une opération particuliè-
„ re, ou, si vous voulez, par une
„ espèce de transcréation.
Mais un Philosophe, qui suppose
les découvertes faites par les Naturalistes, & indiquées dans notre §.
CXXVIII. n'aura pas besoin de recourir à la conjecture de Mr. *de Leibnitz*,
& il trouvera encore un autre ex-
pédient pour se débarasser de cette
difficulté.

En

* *Théodicée* L. I. §. 91.

. En effet, tout le monde convient, que les repréfentations fenfibles de l'ame fe règlent fur l'état du corps, & fur la conftitution des organes. Quand les fens ne font pas affez parfaits, pour repréfenter les objets corporels, c'eft une marque que l'ame n'a que des idées fenfibles obfcures.

. Si donc on fuit les Découvertes alléguées, on trouve que l'ame, avant que d'entrer dans le corps-humain, eft déjà pourvue d'un petit véhicule corporel. Un tel corps n'eft fufceptible que d'images obfcures; & ainfi tant que l'ame lui eft unie, elle ne fauroit non plus avoir que des repréfentations obfcures *. Or celles-ci ne fauroient fervir de forfdement aux idées diftinctes, aux notions univerfelles, & aux penfées raifonnables. De cette manière on peut rendre une raifon naturelle, pourquoi une Ame Humaine paffe plufieurs années dans un état où elle n'a que des repréfentations obfcures.

. Mais comme nous avons établi confor-.

---

*. Voy. §. LVIII , & fur-tout les Remarques fur ce §.

formément aux remarques du §. cxxxii.
que suivant toutes les apparences le
petit corps auquel l'Ame Humaine
est unie dès le commencement, ne
contient point l'étoffe originale du
corps-humain, & que l'ame s'en dé-
pouille après la génération de l'homme, comme de quelque chose d'étranger, quoiqu'elle conserve son petit
domicile propre & inséparable; voilà la raison pourquoi une Ame présentement unie à un corps-humain,
si elle demeure un certain tems dans
cette union, arrive insensiblement aux
idées distinctes & aux pensées raisonnables. Que si elle romt de bonne
heure le lien qui l'attache au corps-
humain, on a vu §. cxxxviii. comment elle arrive après la mort à l'u-
sage actuel de la Raison, dont elle est
essentiellement susceptible.

CXLI.

*Conti-
nuation.* Le Philosophe m'opposera encore
un obstacle. Il dira que sans doute
je ne prétens pas que le petit domicile corporel dont je suppose l'u-
nion avec l'ame indissoluble, ait les
mêmes organes des sens que le corps.
Bien plus, puisque j'avance que ce
petit

petit corps, associé à l'ame, se déta-
che après la génération comme quelque chose d'étranger, je ferai obligé
de convenir, que les organes sensibles qui existoient dans ce corps, pé-
rissent en même tems. Or les organes du Corps proprement dit, dans
lequel nous existons ici-bas, étant pareillement détruits par la mort, aucunes représentations sensibles ne sauroient se trouver dans une ame séparée de bonne heure du corps, & par
conséquent celle des petits Enfans ne
peut arriver après la mort, par la
voie ordinaire des représentations des
objets sensibles, à l'usage de la Raison.
.. Il est vrai que les organes extérieurs
des sens, je veux dire ceux sur lesquels les objets du dehors agissent,
font d'une grosseur remarquable dans
le corps humain. Quand nous examinons les yeux, les oreilles, le nez,
la langue, & en général les organes
de l'attouchement, répandus par tout
le corps, nous les trouvons assez é-
tendus. Nous ne saurions assurément
en supposer de pareils dans le petit
domicile que nous avons attribué à
notre ame §. cxxix. Mais je demande

de ici, fi ce font les organes extérieurs des fens qui transmettent immédiatement les fenfations & les repréfentations à l'ame? Tous ceux qui
ont épluché la ftructure du Corps
humain le nient, & affirment que
cette transmiffion fe fait par le moyen de certains petits nerfs, qui vont
fe rendre par toutes fortes de con-
duits au cerveau proprement dit, par
oppofition au cervelet. Or comme
c'eft une feule & même ame, qui
voit, qui entend, qui flaire, qui goûte & qui touche, il s'enfuit de-là que
tous les nerfs qui fervent à exciter
les repréfentations fenfibles, doivent
fe réunir quelque part dans un point.
Mais comme le plus habile Anatomi-
cien chercheroit inutilement ce point
dans toute la fubftance du cerveau,
& ne le découvriroit, ni ne le dé-
couvrira fans doute jamais, à l'aide
du meilleur Microfcope; j'en conclus
que le point où tous les nerfs aboutif-
fent eft d'une petiteffe inexprimable,
& que par conféquent les images matérielles des objets repréfentés doivent s'y tracer d'une fineffe inconcevable.

Nous

Nous n'avons après cela qu'à fuppofer, que ce centre des nerfs fenfibles eft en même tems le lieu du petit domicile de l'Ame. Si cela eft,
il s'entend de foi-même, que ce domicile eft frappé par l'action des objets extérieurs. Or s'il peut être ainfi affecté, tant qu'il eft lié avec les
nerfs fenfibles, la même chofe peut
arriver après la rupture de ce lien par
la mort, & s'exécuter à la faveur de
divers autres corpufcules fubtils. Si
cette impreffion ne produit pas des
repréfentations précifément telles que
ce que nous appellons la vue, l'ouïe,
l'odorat, le goût; il doit au moins en
réfulter diverfes fenfations, par lesquelles un objet fe fait toujours distinguer d'un autre, & qui mettent
l'ame effentiellement difpofée aux
penfées raifonnables, en état de s'appercevoir d'abord de fa propre existence, & d'arriver enfuite à d'autres
idées.

CXLII.

Un Théologien eft maître de rejetter entièrement cette hypothèfe,
s'il croit pouvoir s'en paffer dans la
doctrine de l'état de l'Ame des petits
                                    Enfans

*Nouvel-
le remar-
que, qui
concerne
les Théo-
logiens.*

Enfans après la mort, & qu'en général elle ne lui paroisse bonne à rien dans la Théologie. Je serai sur-tout moi-même le prémier à la rejetter, si l'on peut prouver qu'elle est en contradiction avec les Vérités révélées. Mais quiconque l'entreprendra, doit se rappeller les avis que nous avons donné §. cxxxix. & sur-tout celui de ne rien avancer, en alléguant des Textes de l'Ecriture, qui soit encore en question ; car nous convenons, & nous avons établi que l'Etre pensant en nous, auquel nous donnons le nom d'Ame, n'est ni matière, ni corps, & que c'est un Esprit. Mais ce que nous n'accordons pas, c'est que cet Esprit, en certains tems & dans certaines circonstances, soit avant la génération, ou après la mort du corps, n'ait aucun organe corporel. Si l'on allègue là-dessus les Passages qui qualifient l'Ame Humaine du nom d'*Esprit*, il faudra prouver en même tems qu'un Etre cesse d'être Esprit, dès qu'on le suppose lié à quelque portion de matière. Alors l'ame d'aucun homme vivant ne pourroit être reputée un Esprit.

CXLIII.

CXLIII.

Voilà tout ce que j'avois à dire fur l'Ame Humaine. Mais comme j'ai fait fentir §§. LXXIV & LXXXVII. la différence qu'il y a entre cette ame & celle des Bêtes pendant la vie de leur corps, on me demandera peut-être, que je donne à connoître leur différence après la mort.

Diffé- rence en- tre l'Ame Humaine & celle des Bêtes après la mort.

Je reconnois qu'en vertu des Prin-cipes que j'ai pofés par rapport à l'Ame Humaine, je fuis néceffaire-ment obligé d'avouer, que l'ame des Bêtes n'eft ni compofée ni divifible, ni corporelle ou matérielle, mais qu'elle eft quelque chofe de fimple & d'indivifible. Je dois de plus con-venir qu'elle eft incorruptible, & qu'au-cune force créée ne fauroit la détrui-ré. Si l'on en infère que je lui attri-bue auffi une immortalité fondée fur fon effence, je ne le nierai pas, en-tant qu'on appelle *immortel* ce qui fuivant fon effence ne fauroit jamais perdre fa force repréfentative, quoi-qu'il n'ait pas le fentiment réfléchi de fon propre être.

Mais avec tout cela je n'appelle pas l'Ame des Bêtes un Efprit, parce que

que fuivant l'ufage ordinaire de ce mot, il défigne un Etre, dont la force repréfentative peut s'élever jufqu'aux penfées raifonnables, aux réflexions & aux conféquences. J'ai démontré fort au long, que l'Ame des Bêtes eft effentiellement privée de cette faculté.

C'eft ainfi que fe manifefte en même tems la différence entre ces deux efpèces d'ames après la mort. Celles des Bêtes demeurent toujours irraifonnables, comme elles l'ont été, & ne pourroient jamais arriver aux idées raifonnables, fuppofé même qu'elles confervaffent le fentiment de leur être après la mort du corps.

Or les repréfentations purement obfcures, ne fuffifent pas pour procurer à une ame le fentiment d'elle-même. Il faut qu'elles aient au moins affez de clarté, pour que l'ame puiffe fe diftinguer des objets repréfentés. Ce degré de clarté ne fauroit être produit dsns les Bêtes, qui font deftituées du pouvoir effentiel des idées raifonnables, que par le moyen des organes fenfibles; & la mort les détruifant, on ne fauroit conjecturer

autre

autre chofe, ſinon que les ames des Bêtes demeurent après la mort dans un ſommeil perpétuel, & qu'elles ne peuvent plus ſe ſentir elles-mêmes.

De ſavoir dans quel but ces ames ſont confervées, c'eſt ce qui appatient à leur Créateur, qui connoit parfaitément en quoi elles peuvent encore être employées à ſa gloire.

F I N.

REMARQUES

SUR UNE LETTRE

DANS LAQUELLE ON SOUTIENT
QUE LA MATIERE PENSE.

(A) Lorfque cette Lettre couroit encore en manufcrit, elle étoit intitulée X I I I. *Lettre de Voltaire fur Locke*, & ainfi elle étoit attribuée au fameux Mr. *de Voltaire.* Nous la trouvons imprimée mot pour mot & fous le même titre dans l'*Obfervateur Polygraphique* n. 23, 24, 25. *Jaques Des-Bordes*, Libraire d'*Amfterdam*, aiant publié en 1736, les *Lettres écrites de Londres fur les Anglois & autres fujets par Mr. de Voltaire*, la même Pièce y parut, mais toute changée. L'Editeur dit dans un Avertiffement, que ce Recueil de Lettres, écrites à *Londres* depuis 1728 jufqu'en 1730, avoit longtems couru en MS. à *Londres* & à *Paris*, & qu'il en avoit auffi paru une Traduction *Angloife* en 1732. Que comme on fe préparoit à imprimer à *Londres* les mêmes Lettres en *François*, Mr. *de Voltaire* a-
voit

voit prié l'Editeur de ne pas laiſſer
paroître cette Edition, & l'avoit ſouvent averti qu'il ne pouvoit conſentir
à la publication de ces Lettres, parce qu'elles renfermoient bien dès
ehoſes libres, & qu'elles n'avoient
point du tout été écrites pour l'im-
preſſion ; cependant que l'Editeur
aiant appris que quelques Libraires
avoient de nouveau fait traduire en
François la Traduction *Angloiſe*, il n'a-
voit pu différer davantage de faire
paroître ſon Edition, quoiqu'il ne
fût pas ſi Mr. *de Voltaire* en feroit content. Ce récit prouve à mon avis que
Mr. *de Voltaire* ne reconnoit pas pour
ſienne cette Lettre telle qu'elle a paru dans le monde en manuſcrit, &
qu'il n'avoue que celle qui a ſouffert
des changemens dans l'Edition ſuſ-
mentionnée. Et cela me paroit d'autant plus vraiſemblable, que dans la
nouvelle Edition de toutes les Oeuvres de Mr. *de Voltaire*, donnée en
1739. Tom. IV. p. 233. la même
Lettre ſe trouve préciſément conforme, juſqu'aux petites additions, à
celle qui avoit paru à *Amſterdam* en
1736. On ne ſauroit nier non plus

M 2 que

que la Lettre imprimée, dont Mr. *de Voltaire* se déclare l'Auteur, ne soit beaucoup meilleure, & plus circonspecte que la Lettre manuscrite.

C'est pour cette raison que dans les Remarques suivantes, nous ne mettrons jamais sur le compte de Mr. *de Voltaire* la Lettre qu'elles concernent, & que nous avons placée ici d'après un manuscrit, mais nous parlerons toujours de son Auteur comme d'un anonyme.

Au reste ce qui nous engage à la faire paroitre ici plutôt conformément au manuscrit, qu'à la publication de Mr. *de Voltaire*, c'est que la prémière est beaucoup plus forte sur la matérialité de l'Ame, que celle qui se trouve dans les Oeuvres de Mr. *de Voltaire*. Ainsi dans toutes nos Remarques nous n'aurons rien à démêler avec cet illustre Auteur.

(B) L'Auteur de la Lettre débute sur un ton bien haut. Il saura mieux que personne, s'il a effectivement lu tous les Philosophes qui ont parlé de l'Ame. S'il ne l'a pas fait, on doit regarder son jugement comme fort précipité. Mais s'il les a tous lu, il aura

aura trouvé que pluſieurs d'entre eux
ont déjà propoſé ſur l'Ame l'opinion
qu'il paroît en avoir. Je ne veux alléguer d'entre les Anciens, que quelques-uns de ceux qui en partie s'accordent parfaitement avec notre Auteur, ou qui en partie ne ſont pas fort
éloignés de ſon opinion. *Dicæarque*
enſeignoit que c'eſt une pure imagination, de diſtinguer l'Ame du Corps,
& d'en faire un Etre actif, qui opère
dans le corps. Il ſoutenoit que ce que
nous appellons *Ame*, n'eſt autre choſe que le Corps vivant lui-même, qui
s'agite & ſe meut. *Démocrite* & *Ana-*
xagore faiſoient de l'Ame une matière
ſubtile, dont les petites parties ont
un mouvement très rapide. Toute la
Secte des *Epicuriens* ſuivoit le même
ſentiment, & regardoit l'Ame comme un Corps compoſé de parties très
ſubtiles. Puiſque les *Sadducéens* ne
croyoient ni Eſprit, ni Ange, il eſt
impoſſible qu'ils aient tenu l'Ame pour
un Eſprit; & ils étoient obligés d'enſeigner que ce qui penſe en nous eſt
matériel & corporel, comme auſſi *Jo-*
ſéphe le rapporte. *Stofchius*, parmi les
Modernes, dans ſes *Cogitationes de Deo*

&

& *Anima*, s'est fort-étendu à prouver, que l'Ame n'est qu'une matière
fubtile , & il s'appuye fur diverfes
preuves d'expérience , que notre Auteur emploie en partie. Il y a encore
un petit Ouvrage en *Allemand*, fous
le titre de *Correfpondance entre deux.
Amis fur l'Effence de l'Ame*, où le fentiment de notre Auteur eft auffi pro.
pofé. Mais s'il n'a point lu ,ni pu lire
ces Ouvrages publiés en *Allemagne*,
& fi l'on ne fauroit être furpris qu'il
ne les connoiffe pas, au moins devroit-il être exactement au fait des
opinions des Anciens, dont il porte
un jugement fi univerfel. Cependant
il les a mis tous dans une même claffe, & par conféquent il a traité *d'aveugles pleins de témérité & de babil*,
ceux-mêmes qui ont foutenu l'opinion
qu'il défend après Mr. *Locke*.

(C) L'Auteur cherche à tourner ici
Defcartes en ridicule. Mais jamais il
ne prouvera que *Defcartes* ait enfeigné
que l'Ame de l'Homme s'occupe dès
le ventre de fa Mère d'idées métaphyfiques & d'axiômes généraux ; & que,
comme il l'avance plus bas, il l'ait repréfentée comme une perfonne fort
favan-

favante. Ce Philofophe n'a jamais propofé de la forte fon fentiment fur l'origine des Idées, & fes Difciples l'ont
toujours défendu contre ce reproche.
Il écrit lui-même expreffément,
Partie II. Lettre 4. qu'il n'attribue
aux Enfans que des fenfations fort confufes, & que dans le ventre de leur
Mère ils ne font aucune attention à
leurs penfées, & n'ont aucun fentiment réfléchi. Mais ce n'eft pas mon
affaire ici d'examiner le fentiment propre de *Defcartes*, & de voir jufqu'où
il peut s'être trompé. Je me contente de renvoyer le Lecteur aux §. §.
XVI & XVII. de mes *Réflexions Philo-*
fophiques, où j'ai fait voir que l'Ame
Humaine ne reçoit point du dehors
les notions des principes univerfels,
mais qu'elles lui font naturelles & effentiellement propres, entant que les
Hommes s'en fervent pour bafe de
leurs raifonnemens, fans y penfer
d'une manière formelle. Si l'Auteur
le contefte, il faut qu'il nie ce que
l'expérience univerfelle nous apprend.
Car il eft très certain que des millions d'Hommes forment des conféquences raifonnables, fans avoir de

leur

leur vie entendu parler des Principes univerſels. Il n'eſt pas moins vrai
que toutes les conſéquences raiſonnables repoſent ſur des Principes univerſels auxquels elles doivent être
rapportées, & que néanmoins la plupart des concluſions ſe tirent, ſans
qu'on penſe le moins du monde à aucun axiôme. Il eſt encore ſûr, que
ſi l'on propoſe un de ces Principes, à
un Homme qui n'en ait jamais entendu parler, il y donnera d'abord ſon
approbation, & s'étonnera même de
ce qu'on s'arrête à le queſtionner là-
deſſus. Il faut que l'Auteur nie tout
cela, s'il refuſe de convenir que les
Principes univerſels, ou les Règles
ſuivant leſquelles les raiſonnemens ſe
forment, exiſtent dans tous les Hommes dès la plus tendre enfance, &
naiſſent avec eux. S'il avoit daigné
peſer ces conſidérations, il n'auroit
pas raillé ſi légèrement *Deſcartes*, &
il auroit trouvé matière à examiner,
comment on doit enviſager l'Ame Humaine, & quelle conſtitution on doit
lui attribuer.

(D) L'Auteur indique ici l'Ouvrage
de *Locke* ſur l'*Entendement Humain*.
Nous

Nous ne contefterons point à ce Philofophe les éloges qu'il reçoit de la
part de l'Anonyme. Mais nous fommes affurés qu'ils conviennent encore
mieux à Mr. *Wolff* ; car il n'y a point
eu jufqu'ici de Philofophe, qui ait
donné, pour ainfi dire, une Hiftoire de l'Ame Humaine plus exacte,
plus circonftanciée, mieux fondée fur
l'expérience, que celle qui eft renfermée dans l'Ouvrage Latin que Mr.
Wolff a intitulé, *Pſychologia Empiri-
ca.* En effet, l'unique voie fure de
parvenir à connoître la conftitution
de l'Ame Humaine, c'eft de pofer
pour fondement ce que l'expérience
nous enfeigne, & de ne s'en pas fervir par pièces détachées, mais d'une
manière fyftématique ; & c'eft à quoi
l'Auteur de la Lettre en queftion à
manqué. Car, bien qu'il femble vouloir déduire la conftitution de l'Ame
Humaine des leçons que l'expérience
nous fournit, nous verrons pourtant
dans la fuite qu'il a rapporté plufieurs
chofes peu exactes, comme fi elles
étoient fondées fur l'expérience ; &
que d'un autre côté, il a omis plufieurs circonftances très intéreffantes,

M 5   que

que cette source d'inftruction lui offroit. De-là vient qu'en faifant une lecture fuperficielle de cette Lettre, on feroit difpofé à goûter l'opinion de l'Auteur fur l'Ame, ou du moins à la regarder comme fort vraifemblable. Mais quand on fait attention aux ipexactitudes qu'il donne pour des vérités, & aux vuides qu'il a laiffés dans fa *Defcription des Forces de l'Ame Humaine*, on fe voit obligé de porter un tout autre jugement fur cette Pièce.

(E) L'Origine de la Lumière Révélée, qui montre aux Théologiens les vérités qu'ils profeffent, & celle de la Lumière de la Raifon, qui guide les Philofophes, étant la même, la vraie Théologie ne demande point qu'on s'écarte du droit chemin des principes de la Raifon. C'eft pourquoi, quoique je fois moi-même Théologien, je ne faurois accorder à l'Auteur, que la faine Raifon & la Foi, entant qu'elle eft fondée fur l'Ecriture, foient de nature contraire, & qu'elles aient des propriétés oppofées, bien qu'elles diffèrent d'ailleurs l'une de l'autre. La Foi, quand

quand elle eſt telle qu'elle doit être, ne renferme rien de contradictoire, ni en ſoi, ni avec les autres Vérités naturelles d'une évidence inconteſtable. C'eſt le vrai moyen de rendre les Doctrines de Foi, qui ſont fondées ſur l'Ecriture Sainte, ſuſpectes & mépriſables aux gens de bon-ſens, que d'avouer qu'elles ſe trouvent en oppoſition avec des Vérités certaines & fondées en raiſon.

(F) Après une pareille ſuppoſition, je m'étonne que l'Auteur entreprenne de traiter de l'Ame, & d'en parler affirmativement. Eſt-il bien raiſonnable d'attribuer à une choſe dont on n'a pas la moindre idée, de la longueur & de la largeur, & d'ajouter à cela des aſſertions, que l'on donne ſinon comme certaines, au moins comme de la dernière vraiſemblance? L'Auteur ſe ſert ſans ceſſe du mot d'*Ame*. Mais ne ſeroit-il point du nombre de ceux qui prononcent ce mot ſans l'entendre? Que s'il en a une idée, il auroit dû avant toutes choſes nous la donner, afin qu'on pût y comparer l'opinion qu'il propoſe dans cette Lettre, & en juger en conformi-

M 6 té.

té: Mais c'eſt tout comme fi l'Auteur écrivoit ſur un néant; Car ce
dont on n'a ni ne peut avoir d'idée,
eſt néant.

S'il ne veut pas convenir de cette
remarque, il faut au moins reconnoître qu'il s'eſt très mal exprimé. Il
dit, *Nous n'avons point d'idée de l'Ame*,
ſans expliquer dans quel ſens il entend ce qu'il avance. Cela veut-il
dire que notre imagination ne ſauroit
nous repréſenter l'Ame d'une manière ſenſible? Alors rien de plus vrai;
mais il n'en réſulte pas qu'à cauſe de
cela nous ne puiſſions rien comprendre de ce qui concerne l'Ame. Car
nous avons donné §. LIII, un exemple bien diſtinct de la grande différence qu'il y a entre l'Imagination &
l'Entendement, & du pouvoir que
nous avons de comprendre par l'entendement bien des choſes, que notre imagination eſt entièrement incapable de nous repréſenter; à quoi nous
avons ajouté §. CVII, l'aveu de Mr. *de
Voltaire*. Que ſi l'Auteur prétend que
nous ne ſaurions même par certaines
conſéquences tirées dans notre entendement, faire voir qu'il y a en nous
un

un Etre particulier qui penſe, nous
ne le lui accordons point. Et à cet ſ-
gard ſa conſéquence, *Donc nous n'enten-*
dons point le mot d'*Ame*, ne vaut rien.

(G) Nous conviendrons avec l'Auteur, que nous appellons *Vue* la faculté de voir. Mais il reconnoîtra de
ſon côté, que cette faculté ne conſti-
titue rien de ſéparé, & d'exiſtant en
ſoi; mais qu'il y a quelque choſe, à
quoi elle ſe rapporte, & dont on peut
proprement dire qu'il voit. Il en eſt
de-même de la *Volonté*. Si nous appellons ainſi la faculté de vouloir,
nous ſuppoſons toutes les fois un certain ſ t, dans lequel cette faculté
réſ & ſans qui elle n'exiſteroit
point. Cela étant, nous ne ſaurions
convenir avec l'Auteur, que les Hommes en général donnent le nom d'*A-*
me à la ſimple faculté de penſer & de
ſentir. On appelle plutôt *Ame*, le
ſujet qui eſt doué de cette faculté de
penſer & de ſentir, qu'il ſoit d'ailleurs
corporel ou incorporel; l'Auteur même n'oſeroit avancer que cette faculté exiſte par lui-même & ſans ſujet.
C'eſt pourquoi il ſuppoſe que c'eſt la
matière qui poſſède cette faculté. Il

ne

ne dira pas non plus, que toute matière, de quelque façon qu'elle foit
difpofée , foit propre à penfer , &
penfe actuellement; mais il donnera
fans doute cette faculté à une partie,
à certaine efpèce de matière * , qui,
par-là même qu'elle eft en état de
penfer, fe diftingue de toute autre
matière qui ne poffède pas cette
propriété. Par conféquent l'Auteur
dans fa propre idée, ne fauroit appeller la fimple faculté de penfer &
de fentir, une *Ame*; mais, felon lui,
l'Ame Humaine confifte dans cette
portion de matière qui eft d.... de
la penfée & du fentiment.

(H) Tout eft jetté ici pêle-.... d'u-
ne manière fort irrégulière, pour prévenir plus aifément le Lecteur contre
le fentiment ordinaire, en le lui re-
préfentant comme ridicule & mal fondé. Pour cet effet il exprime la chofe de manière à faire croire, que dans
l'opinion reçue on pofe des principes tout-à-fait arbitraires, fans la moindre preuve; & il invente des manières

* Voyez fes propres termes dans la Ré-
marque Q Q.

res de conclure, dont aucun homme
raifonnable ne s'eft jamais avifé. Il
s'en prend aux Philofophes, comme
s'ils avoient donné à leur gré la divifion entre la Matière & l'Efprit, &
comme s'ils fuppofoient gratuitement,
que tout n'eft pas Matière, mais qu'il
y a aufli des Efprits. Cependant tout
Philofophe de bon-fens répondra qu'il
ne fuppofe point cette propofition,
L'*Ame eft un Efprit*, mais qu'il eft
obligé de la démontrer. De-même la
Propofition, qui porte qu'un Efprit
n'eft ni étendu, ni divifible, n'eft
point une pure fuppofition; c'eft une
conféquence qui découle de ce qu'il
exifte un Etre entièrement différent
de la Matière. Si l'Auteur avoit voulu procéder ici d'une manière folide,
il auroit du rapporter par ordre les
raifonnemens dont on fe fert pour
prouver l'immatérialité de l'Ame, &
enfuite en faire voir les défauts. Mais
en rapportant l'opinion commune,
comme une pure fuppofition, dans
laquelle on demande d'être cru fur fa
parole, il perfuadera fans doute à un
Lecteur peu fur fes gardes, que la
doctrine ordinaire fur l'Ame eft en-
tière-

tièrement deftituée de fondement.

De plus, qui a jamais enfeigné que l'Ame & le Corps n'étoient pas faits l'un pour l'autre? Qui a jamais conçlu, que l'Ame n'a point de parties, parce que nous ne la voyons point, & que par conféquent elle eft éternelle? Enfin, qui feroit capable de tirer cette conclufion furprenante, c'eft que Dieu donnant les idées à l'Ame, elle apporte en naiffant les idées de Dieu, de l'Infini, & de toutes les Vérités générales? Aucun *Cartéfien* ne s'exprime d'une manière auffi crue.

Mais ce n'eft point mon affaire de débrouiller ici toutes les matières dont l'Auteur s'eft plu à faire un cahos, & de diftinguer les vraies Profitions des fauffes, & les conféquences légitimes de celles qui ne le font pas. Je renvoie le Lecteur à la chaîne de raifonnemens qui fe trouve dans les §§. txxxvi & cxvii. de mon Ouvrage, & qui eft acccompagnée de fa Démonftration.

(I) L'Auteur fait ici ce qu'il reproche aux autres. Car quoiqu'il ne fuppofe point d'Ame diftincte du

Corps,

Corps, & qu'il attribue au corps même la force de penfer, néanmoins il
ne veut pas que cette force foit propre à toutes les parties dont le corps
eft compofé, mais il ne la place que
dans un certain endroit. Or comme
tout le monde s'accorde à nommer
Ame ce qui penfe en nous, cette
matière, qui fuivant l'Auteur a la faculté de penfer, tient donc la place
de l'Ame, & diffère à cet égard de
la plus confidérable partie du Corps
Humain, qui eft privée de cette faculté. Par conféquent l'Auteur pofe
pour principe, qu'il y a une Ame, &,
quelle qu'elle foit, il la diftingue du
refte.

(K) L'Auteur va encore plus loin
à cet égard dans fa Lettre. Il emploie
non feulement le mot de *Matière*,
mais il dit fans façon, qu'une certaine partie de la Matière a la force de
penfer, quoiqu'il déclare en même
tems, que la Matière ne nous eft pas
encore fuffifamment connue.

(L) Ceci eft d'autant plus injufte,
que l'Auteur lui-même a donné ci-
deffus une pareille Defcription de
l'Ame. Nous n'entendons pas par un

Esprit la simple faculté de penser, mais nous désignons l'Etre qui possède cette faculté.

(M) Ce n'est pas-là l'idée que nous nous faisons de la Matière. Les Couleurs, l'Etendue, la Solidité, & en général toutes les propriétés ne sont pas des choses qui existent seules & par elles-mêmes, mais elles supposent, tout comme la force de penser, un sujet auquel ces propriétés conviennent. Nous appellons donc Matière le sujet dans lequel se trouvent quelques-unes de ces propriétés, & non les propriétés mêmes. D'ailleurs, si l'on vouloit se faire une idée bien exacte de la Matière, on en fourniroit à l'Auteur une toute autre description. On lui diroit qu'on entend par Matière ce qui donne au Corps l'étendue & la force de résistance. Mais de joindre à l'idée du Corps celle des Couleurs, comme l'Auteur le prétend, c'est ce qui est tout-à-fait inexact. Si l'Auteur veut consulter là-dessus Mr. *de Voltaire*, dans ses *Elémens de la Philosophie de Newton, mis à la portée de tout le monde*, il lui enseignera toute autre chose, & lui prou-

prouvera que les Couleurs n'appartiennent point à la matière des Corps,
& qu'elles ne font autre chofe que la
refraction des rayons du Soleil.

(N) Je voudrois bien favoir, fi l'Auteur lui-même croit l'exiftence de la
Matière, ou s'il la nie? S'il la croit,
quelle raifon a-t-il de s'attaquer à
ceux qui font dans la même idée? S'il
la nie, comment peut-il dire un moment après, que la Matière eft capable de mille propriétés, que nous ne
connoiffons point?

(O) Dans mes *Réflexions Philofo-*
phiques, §. xxxvi. j'ai encore attribué
bien d'autres propriétés à la Matière,
& j'y renvoie le Lecteur.

(P) Il y a un grand air de modes-
tie dans l'aveu que l'Auteur fait, que
ni lui, ni les autres ne connoiffent
pas la millième partie des propriétés
de la Matière. Cependant cette mo-
deftie apparente eft jointe à une ex-
trème témérité. Il fe reconnoit bien
éloigné de connoître la Matière avec
toutes fes propriétés, & cependant
il eft bien affuré qu'elle peut avoir
la force de penfer. Nous laiffons à
l'Auteur le foin d'expliquer, comment
tout

tout cela s'ajufte enfemble. Nous remarquons feulement qu'on ne fauroit
conclure ainfi : La Matière a certaines propriétés, que nous ne connoiffons pas encore à préfent : Donc on
eft bien fondé à lui attribuer la force
de penfer. *Ariftote* a beaucoup em-
ployé les Qualités Occultes, *mais il*
y a longtems que ce n'eft plus la mode parmi les Philofophes de s'en fervir pour expliquer la Nature & fes o-
pérations.

(Q) L'Auteur ne pourra pas m'im-
puter ce défaut. Je n'ai fuppofé nulle part que l'Ame eft un Etre indivifible, mais je l'ai démontré §. §. xxiv.
& xlvii. Mais fi l'on reprochoit à
l'Auteur lui-même, qu'il fuppofe ce
qu'il n'a pas encore prouvé? Nous l'a-
vons trouvé tout-à-l'heure dans le cas.
Il avance hardiment, que la Matière
peut avoir mille propriétés, qui nous
font encore inconnues; & de ce Principe il infère, non feulement que la
force de penfer feroit poffible dans la
Matière, mais qu'elle y exifte effectivement. Cela ne s'appelle-t-il
pas pofer ce qui eft encore en queftion?

(R)

(R) Il y a des gens qui prétendent,
que le Régent de Collège feroit d'un
tout autre avis, après avoir lu la Lettre de l'Auteur. Il foutient à préfent dans fa Claffe, que la Matière a
mille propriétés qui nous font inconnu-
ues, & que de plus on peut fort
bien lui attribuer des repréfentations
fenfibles, & par conféquent le pouvoir de penfer. Après avoir appris
de notre Auteur qu'il n'y avoit également que matière, & dans le grand
Mathématicien Archimède, & dans
une Taupe, & que la diverfité de
leurs actions ne procède que de ce
que la matière qui penfe a dans Archimède des fenfations plus fines & en
plus grand nombre que dans la Taupe; notre Régent s'étonne de n'a-
voir pas plutôt reconnu de lui-même,
a tant de preuves diftinctes que la
Nature lui en offroit, que les fenfations font répandues dans la matière,
& s'y développent. Mieux inftruit,
il va démontrer que la Girouëtte &
la Senfitive ont l'attouchement fort
fubtil, parce que la première fe règle fur le vent, & que l'autre fe re-
plie dès qu'on la touche. Il attribuera

buera l'ouïe aux vitres des fenêtres,
parce que le tonnerre & le canon les
font trembler, auffi-bien que les
Hommes & les Animaux. S'il étoit
dans le préjugé des Anciens, que
l'Héliotrope fe tourne toujours du côté
du Soleil, il donneroit à cette fleur
une vue auffi perçante que *celle de*
l'Aigle, il feroit de fes grains de femence autant d'yeux, & des petits
filamens dont ils font garnis, des pau-
pières. Mais comme l'expérience lui
a appris que cette fleur ne fuit pas
toujours le cours du Soleil, il aimé-
ra mieux placer la vue dans l'iguil-
le magnétique, & dire que le Pole
du Nord eft fon point de vue fixe.
En un mot, il va débiter dans fa Claffe plufieurs belles Propofitions fur les
différentes fenfations & les penfées
de la Matière. Il eft préfentement
dans l'idée, que le mouvement régulier & uniforme de fa Montre de
poche eft fondé fur des penfées mé-
chaniquement régulières. Si on lui
repréfente qu'on n'entend pas ce qu'il
veut dire par fes penfées méchani-
quement régulières, il éclaircira fa
penfée d'une manière fort favante par
une

une Remarque , que lui fourniront les *Acta Phyſico-medica Naturæ Curio-ſerum* , Vol. II. p. 287. On y dit que, pour eſſayer ſur un Chien la force d'une Eau vulnéraire, on enfonça un clou dans la tête de cet animal , qu'on y verſa l'Eau vulnéraire, & que là-deſſus le Chien ſe mit à tourner pendant quelques heures conſécutives, en formant un cercle ſi exact, qu'à chaque tour il faiſoit le même nombre de pas qu'il avoit fait en commençant le prémier cercle. Il faut donc , dira notre Régent, que le Chien ait, tout comme la Montre, une ame particulière, qu'il ſoit com-poſé de pure matière, & que ſes ſenſations aient été diſpoſées par le trou fait à la tête , & par l'Eau vul-néraire , de telle ſorte qu'elles ont produit ce mouvement circulaire & régulier. Pourquoi donc ne pour-roit-on pas expliquer un mouvement tout ſemblable dans l'Eguille de la Montre, par les ſenſations cachées de ſa matière? L'Auteur prendra, s'il lui plait, la peine d'appuyer l'opinion du Régent d'Ecole par de nouvelles preu-ves, ou de lui en enſeigner une autre,

tre, qui s'accorde avec les principes
de fa Lettre.

(S) C'eft-là fans doute le vrai chemin dans toute recherche, favoir de
commencer par ce que l'on connoit,
& de s'en fervir pour arriver à ce qui
eft inconnu. Mais il faut en même
tems raffembler tout ce que l'expérience nous enfeigne fur un fujet, &
ne pas s'en tenir à quelques Articles,
que l'on croit pouvoir employer de
la manière la plus favorable au but
que l'on fe propofe. Beaucoup moins
doit-on avancer ce qui eft contredit
par l'expérience. Nous allons voir
par-ci par-là, que l'Auteur a négligé
l'une & l'autre de ces deux condi-
tions.

(T) Il y a peu de perfonnes qui
foutiennent cette opinion. La plus
reçue, c'eft que l'Ame exifte dans le
corps dès la conception, quoiqu'on
n'ait pu s'accorder jufqu'à préfent fur
l'origine & la propagation de l'Ame.
Vous trouverez les principaux fentimens là-deffus rapportés §. cxxvi.

(U) Voyez ci-deffus la Remarque C.

(X) Ceci eft très vrai, mais l'Auteur n'auroit pas du oublier de dire
en

en même tems, que cet Enfant naît
avec la capacité d'arriver dans la fuite à l'uſage actuel de la Raiſon. Ainſi
cette capacité appartient à l'eſſence
de l'Ame Humaine, & forme une
différence eſſentielle entre elle & l'A-
me des Bêtes, en qui rien de ſemblable ne ſe développe jamais.

(Y) L'Auteur qui paroit ſe tracaſ-
ſer tant pour rendre compte de la
conduite & des progrès des petits
Enfans, n'auroit eu qu'à interroger
une Nourrice : elle lui auroit appris
qu'un Enfant d'un an connoit non
ſeulement Père & Mère, mais encore
bien d'autres choſes, & qu'il y a des
Enfans d'un an & demi qui ſavent
exprimer tout ce qu'ils veulent. On
eſt de plus en droit de reprocher à
l'Auteur, qu'en faiſant ſemblant d'apporter une exacte attention aux progrès d'un Enfant, & à la manière
dont il parvient à l'entendement,
pour tirer ſes conſéquences d'une expérience reconnue, il débute par un
faux expoſé ; & j'ai déjà eu occaſion
de remarquer le même procédé chez
lui, dans mes Notes D & S.

(Z) C'eſt faire un terrible ſaut, que

N   de

de paſſer d'un Enfant d'un an & demi à un Jeune-homme de vingt ans,
qu'on repréſente par deſſus le mar-
ché comme une tête fort dure. Mais
on voit bien que ce ſont des prépa-
ratifs, deſtinés à donner enſuite avec
plus de probabilité au Serin de Cana-
rie, au Chien & au Chat, la préférence ſur un Enfant. Cependant qu'un
Homme de vingt ans ſoit auſſi ſtu-
pide qu'il vous plaira, l'expérience
enſeigne qu'on peut lui apprendre plus
de choſes qu'à un Chien, ou à tout
autre Animal. Ce ne ſont pas les
connoiſſances métaphyſiques, entant
qu'elles ſont rangées & appriſes ſuivant les principes de l'Art, qui font
de nous des Hommes raiſonnables :
nous tenons cette qualité du pouvoir
eſſentiel, qui diſpoſe l'ame aux idées
diſtinctes & aux notions univerſelles ;
pouvoir qui ſe manifeſte en bien des
manières dans l'Homme le plus pe-
ſant, comme l'expreſſion de ſes idées
par la parole le met ſuffiſamment en
évidence.

(A A) L'Auteur a ici principalement en vue *Deſcartés*, à qui il a attribué ci-deſſus de dire, que l'Ame a
dès

dès le ventre de fa Mère toutes fortes de belles idées métaphyfiques, &
même l'idée de Dieu. Voyez les paffages fur lefquels nous avons fait les
remarques C & H. Ici il veut foutenir avec *Bayle*, qu'il y a des Peuples
entiers, qui n'ont aucune de ces
idées, & qui font en particúlier privés de la connoîffance de Dieu. Mais
comme *Bayle* met dans ce cas plufieurs
Peuples, dont on fait préfentement
le contraire avec certitude, l'Auteur
auroit bien de la peine d'en alléguer
un feul, chez lequel on ne trouve
quelques traces de la connoîffance
d'une Divinité.

(BB) Je n'entrerai point dans
tout ce que l'Auteur a à déméler ici
avec *Defcartes* & *Malebranche.*

(CC) L'Auteur pourroit fort bien
ajouter encore trois mots, & il trouveroit peut-être qu'au bout de ce tems-
là fon Serin ne fiffleroit pas fort régulièrement le ménuët. Mais quand
il auroit raifon, nous allons voir que
cela ne le mène point du tout à fon
but.

(DD) Ceci eft écrit contre toute
expérience. Plufieurs Enfans de qua-

tre

tre ans en favent déjà plus, que l'Auteur n'en apprendroit à fon Serin, à fon Chien & à fon Chat, quand ils vivroient mille ans enfemble. Si l'Auteur avoit voulu confulter l'expérience fur la capacité de toutes ces Créatures, comme fon devoir l'y appelloit, il auroit eu honte de comparer le meilleur Chien de chaffe, beaucoup moins un Serin pour un miférable ménuët, ou un Chat à caufe de fes fauts, de comparer, dis-je, ces Animaux à un Enfant de quatre ans. Au refte j'ai traité cette matière conformément à l'expérience depuis le §. LXXIII. jufqu'au LXXXIV. & j'ai montré qu'il y a une différence immenfe, & une différence effentielle entre les Hommes & les Bêtes.

(EE) Si quelqu'un vouloit porter férieufement un jugement de cette nature, on ne lui contefteroit point le titre d'homme groffier & fimple, que l'Auteur fe donne ici à lui-même.

(FF) Avec de l'attention l'Auteur auroit du remarquer tout cela dans un Enfant longtems avant l'âge de quatre ans. Une Nourrice, s'il la queftionne, lui dira que dans les Enfans nou-

nouveau-nés, on peut juger à certaines marques qu'ils rêvent, & que par conféquent ils ont des idées obícures & des repréfentations. La mémoire fe manifefte auffi de bonne heure en eux, puifque, fans en alléguer bien d'autres preuves, ils ont déjà appris quelques mots au bout de la première année. Les paffions ne leur manquent pas non plus; les ris & les pleurs, qu'on obferve en eux dès leur plus tendre enfance, témoignent qu'ils éprouvent des fenfations, tantôt fâcheufes, tantôt agréables. Cependant l'Auteur, s'il n'avoit pas envifagé la chofe fi fuperficiellement, auroit pu remarquer dans des Enfans qui n'ont pas encore quatre ans, bien plus de connoiffances que dans toutes les Bêtes enfemble. On trouve peu d'Enfans qui avant cet âge n'aient appris à parler parfaitement, & cela de manière qu'on peut fouvent entretenir une converfation avec eux, & qu'on s'étonnne de plufieurs faillies que perfonne ne leur a apprifes. Que l'Auteur montre un feul Animal dans lequel on en trouve autant. Combien de chofes un Enfant ne peut-il pas

re-

retenir depuis deux ans jusqu'à quatre; & quand on l'interroge séparé-
ment sur ce qu'il a appris, il en rend
compte par morceaux, & donne à
connoître par-là qu'il lie des idées aux
mots. Quant aux passions, c'est en
dire beaucoup trop peu, que de n'en
accorder aux Enfans, qu'autant qu'on
en remarque dans un Chien. Un Enfant donne déjà des marques distinctes
qu'il va plus loin que les simples passions. Dans ses jeux on découvre un
panchant à inventer quelque chose de
nouveau; ce qui manifeste en lui non
seulement la faculté de l'entendement,
mais encore la volonté & la liberté.
On n'observera rien de pareil dans un
Animal. Il ne passe point les bornes
de ce que font sans instruction toutes
les autres Bêtes de son espèce, ou de
ce qu'elles peuvent exécuter, après
avoir été dressées par un long & ri-
goureux exercice. Tout cela est conforme à l'expérience. Puisque l'Auteur, qui semble vouloir bâtir sur l'expérience, omet tous ces faits, on peut
en conclure que son Ecrit est extrê-
mement défectueux.

(G.G) A la fin l'Auteur veut bien
re-

reconnoître un Enfant, lorfqu'il a atteint l'âge de quatre ans, pour une Créature raifonnable. Mais il prétend que fon Serin, fon Chien & fon Chat font tout auffi raifonnables, & même que leur raifon s'eft développée beaucoup plutôt que celle de l'Enfant. Si les Animaux font des Créatures raifonnables, tout comme les Hommes, & qu'on puiffe les mettre dans la même claffe, je voudrois bien que l'Auteur me dit, comment il eft permis à des Hommes raifonnables d'agir avec leurs femblables, tels qu'on fuppofe ici les Animaux, tout autrement qu'avec les autres Hommes. L'erreur confifte proprement en ce que l'Aueur ne diftingue point entre les différentes fortes d'idées, & qu'il donne en général le nom de *raifonnable* à tout ce qui a des fenfations. Il auroit tenu un tout autre langage, s'il avoit bien examiné quelles fortes d'idées il faut avoir pour conclure par réflexion, en comparant les diverfes vérités, & pour déterminer fes appétits fenfibles, fans aucune contrainte, & par la feule efficace de la volonté.

(H H) Il nous fuffit de renvoyer

le

le Lecteur au §. LXXIV. de nos Réflexions; il en pourra inférer, avec
combien peu de fondement l'Auteur
met ici de niveau un Chien avec un
Enfant de quatre ans, fans donner à
celui-ci la moindre préférence fur
l'autre.

(II) Il faut que l'Auteur ait un
merveilleux talent pour dreffer les
Chiens de chaffe, puifqu'il y découvre plus de capacité pour lier les i-
dées entre elles, que dans un Enfant
de fix à fept ans. Ce n'eft prefque
pas la peine de réfuter une pareille
affertion: mais en tout cas je lui ci-
terai le jeune *Baratier*, & le fameux
Enfant de *Lubeck* pour exemples; &
il s'agira de favoir, fi non feulement
le Chien de chaffe, mais fi l'Auteur
lui-même a été auffi favant à quator-
ze ans que ces Enfans l'étoient à fept.
Peut-être que l'Auteur a voulu nous
donner ici une preuve de fait de la
vérité de ce qu'il avance dès le commencement de fa Lettre, favoir, que
les fables les plus hardies font celles qui
font le mieux reçues de la foible imagi-
nation des hommes.

(KK) Si l'on attribue la même nature

ture & la même effence à un imbécil-
le & à *Newton*, on fe fonde fur ce
que l'un & l'autre font nés de l'Efpèce Humaine, & qu'il eft inconteſtable que chaque Etre engendre fon femblable. Mais je feroit curieux de connoître les raifons beaucoup plus fortes, en vertu defquelles l'Auteur prétend que fon Chien & un Enfant font
de la même efpèce. Car aiant montré dans mon Ouvrage la grande différence qu'il y a entre l'un & l'autre,
& aiant remarqué de grands défauts
dans la comparaifon que l'Auteur en
fait, il réfulte de tout cela que fa conféquence eft très peu jufte. Dans le parallèle entre un Homme & un Chien,
il ne s'agit pas fimplement du plus
ou du moins de capacité, & la différence ne confifte pas en degrés; mais
elle fe montre principalement, en ce
que l'Homme a une certaine forte de
faculté ou de capacité, dont le Chien,
ou tout autre Animal, eft entièrement
deftitué, comme je l'ai remarqué des
Bêtes en général §.§. LXXIV. & LXXXIV.
& des Chiens en particulier §.§. LXXXI
& LXXXII. C'eft-là la raifon qui autorife à croire qu'un Enfant & un
Chien

Chien ne font pas de la même efpèce, & qu'il ont une effence totalement différente. Au refte, fi l'Auteur eft d'humeur de croire qu'un
Chien eft de la même efpèce qu'un
Homme, on ne fauroit l'en empêcher. Mais on croit pourtant qu'il
ne trouveroit pas, qu'en agiffant conformément à ce principe, on, le trai-
tât comme un Chien.

(L L) L'Auteur ne fauroit conclure autre chofe de tout ceci, finon que
la Vie du Corps eft dans le fang ; mais
non que le fang ait la faculté de fentir, encore moins celle de penfer.
Car autrement il faudroit que ces
deux facultés euffent leur origine dans
les alimens, qui produifent & entre-
tiennent le fang dans le Corps humain. Il en réfulteroit encore, que
dès qu'on tire du fang, l'Homme perd
à proportion autant de fa fenfibilité
& de fa force de penfer. S'il fortoit
toujours un nombre d'idées avec le
fang, un Homme, que l'on faigne en
France une douzaine de fois & plus
en deux jours, ne conferveroit guères d'idées.

(M M) Tout ce qui réfulte, c'eft
une

une conformité à certains égards entre l'Homme & la Bête, ce que personne ne nie. Mais les choses qui ont quelque conformité, ne font pas pour cela de la même espèce, & n'ont pas la même essence.

(NN) On peut recourir à la Remarque FF. Au reste j'ai aussi examiné la question, d'où vient que dans le sommeil & dans un évanouissement on ne se sent plus, § §. LXXXVII. LXXXVIII & LXXXIX; & j'ai montré la différence qu'il y a entre les idées produites par l'Imagination, & celles de l'Entendement pur.

(OO) S'il avoit plu à l'Auteur d'indiquer le tems propre auquel les *Egyptiens* ont inventé la *Spiritualité* & l'*Immortalité* de l'Ame, on auroit pu lui répondre. Mais il ne nous dit cela qu'à la volée, & on doit l'en croire fur fa parole & fans preuve. Cependant qu'on se rappelle feulement les obfervations qui fe trouvent dans la Préface d'un Anonyme fur mon Ouvrage, & l'on verra que tous les Peuples qui ont divinifé leurs Héros, ont cru l'immortalité de l'Ame. Au reste on apperçoit ici diftinctement,

N 6　　　que

que l'Auteur nie l'immortalité de l'A-
me, & la regarde comme une invention Politique. Nous rappellerons
cet article, quand nous en viendrons
à la conclusion de sa Lettre.

(P P) L'Auteur confond & brouil-
le ici tout ce que les Philosophes ont
dit des Genres & des Espèces. Il dit
qu'*Archimède* & une Taupe font de
la même espèce, quoique d'un genre
différent; quoique suivant la Philosophie tout ce qui est de la même
espèce soit du même genre. Il auroit
du renverser, & dire qu'*Archimède*
& une Taupe font du même genre,
entant que tous deux font des Etres
vivans & pourvus d'un corps; mais
qu'ils font aussi peu de la même espèce, que le Soleil & un feu-folet.

(Q Q) Ceci doit être la conclusion de ce qui précède. Mais je sou-
haiterois fort de voir un raisonnement
en forme, qui renfermât la preuve
de l'existence de la pensée dans la
Matière; comme j'en ai fait un §.
LXXXVL pour prouver le contraire,
& pour établir l'immortalité de l'A-
me. Dans tout ce que l'Auteur a
avancé, je ne trouve que la matière
de

de l'argument fuivant. Le Chien penfe. L'Homme penfe auffi. Donc ce
qui penfe dans l'Homme eft matériel.
Mais cette conféquence ne peut être
bonne, qu'en fuppofant que ce qui
produit une efpèce de penfées dans
le Chien, eft auffi matériel. Et c'eft
ce qu'on n'accordera pas à l'Auteur,
& il faut qu'il commence par le prouver. Or tout raifonnement dans lequel on fuppofe ce qui eft encore en
queftion, ne prouvant rien, on voit
par-là que l'Auteur ne fournit aucune
conclufion folide.

(RR) On attribue ici à la Matière les fenfations, la vue, l'ouïe, l'o-
dorat, le goût & l'attouchement.
Mais tout cela fe dit pareillement fans
preuve.

(SS) On peut bien convenir que
nos cinq fens font *les portes de nos
idées*, entant qu'il eft certain que nos
repréfentations fenfibles fuppofent
les objets corporels qui agiffent extérieurement fur nous. Les idées qui en
naiffent, nous fourniffent l'occafion
d'exercer notre entendement,& d'examiner les objets que nous fentons.
Mais quand l'Auteur ajoute que les

fens font auffi *la mefure* de nos idées,
on ne fauroit le lui accorder abfolument. A-la-vérité, fi cela veut dire
que moins une Créature a de fens
& moins elle a d'idées, & qu'ainfi
un Homme privé de quelqu'un des
fens a moins d'occafion de penfer,
& de matériaux pour réfléchir, nous
ne le nierons pas. Mais fi l'Auteur
entend que la fineffe & la force des
fens font le fondement propre de la
différence entre une Créature raifonnable & une Brute, & du plus ou
du moins de raifon qu'elles ont,
comme il femble que fon opinion ail-
lè-là, on ne peut lui paffer cette pré-
tention. Car il eft bien certain que divers Animaux poffèdent quelque fens
dans un degré fort fupérieur à ceux
de l'Homme. Or nous avons démontré, dans nos *Réflexions Philofophiques,*
de tous les Animaux en général, qu'on
ne fauroit leur attribuer aucune Raifon dans le fens propre aux Hommes, & que par conféquent la fineffe des fens n'y fait abfolument rien.
De plus, il eft aifé de prouver, que
fi tous nos fens avoient un degré de
force beaucoup plus éminent, nous
ferions

ſerions moins en état de faire uſage
de notre entendement qu'à préſent.
Qu'on ſuppoſe ſeulement que notre
vue fût aſſez pénétrante pour découvrir à la fois pluſieurs millions de petites Créatures que le Microſcope
nous offre l'une après l'autre, & que
notre ouïe fût aſſez fine pour s'appercevoir du moindre mouvement de
l'air à mille pas à la ronde, ne ſe-
rions-nous pas ébloüis de tous ces
objets, & étourdis de tous ces ſons,
de manière à ne pouvoir régler nos
penſées ? Et que n'arriveroit-il pas,
ſi par ſurcroit les plus ſubtiles exhalaiſons frappoient notre odorat, &
que les moindres attouchemens exci-
taſſent en nous de vives ſenſations ?
J'eſpère que cela ſuffira pour faire
comprendre au Lecteur, qu'on ne ſauroit faire de la fineſſe des ſens le fondement propre de l'exercice de l'Entendement.

(TT) Si cela étoit vrai, il s'enſui-
vroit 1. qu'un Homme qui eſt privé d'un ſens, comme de la vue ou de
l'ouïe, a par cette raiſon moins d'entendement qu'un autre Homme. 2.
Que les Bêtes qui ont cinq ſens de-
même

même que les Hommes, ont autant
d'entendement. Et 3. qu'une Bête
qui auroit les fens meilleurs que
l'Homme, comme quelques Animaux
nous furpaffent, les uns par la vue,
les autres par l'ouïe ou par l'odorat,
qu'une telle Bête, dis-je, auroit par
cette raifon plus d'entendement que
tous les Hommes. Or comme ce dernier article eft abfolument faux, ainfi
qu'on l'a prouvé d'une manière circonftanciée dans les Remarques précédentes, on voit par-là combien l'o-
pinion de l'Auteur eft peu fondée.

(U U) Voici une conféquence très
mal déduite. L'ame de l'Huître eft
attachée à fon écaille; donc cinq fens
lui feroient inutiles; donc elle a moins
d'efprit que moi. Qu'on prenne à la
place de l'Huître un Efcargot, dont,
fuivant l'expreffion de l'Auteur, l'ame
eft auffi attachée à fon écaille, malgré cela il a tout au moins quatre
fens, & nous ne fommes pas même
fondés à lui refufer entièrement le
cinquième, favoir l'ouïe. De cette
manière, & en fuivant la méthode de
conclure de l'Auteur, il faudroit a-
vouer qu'un Efcargot, fut-il tout-à-

fait

fait privé de l'ouïe, a pourtant autant d'intelligence par rapport aux quatre autres fens qu'un Sourd. Et que dirons-nous de la Tortue? Elle poffède fans contredit les cinq fens, quoique fon ame foit pareillement attachée à l'écaille. Les conclufions de l'Auteur tombent en ruïne, & nous avons ici une nouvelle preuve qu'il eft allé fouvent beaucoup trop vite en befogne dans la compofition de fa Lettre.

(X X) Je ne fai fi l'Auteur pourroit indiquer beaucoup d'Animaux qui n'aient que deux fens. J'ai même peine à croire qu'on vint à bout d'en nommer un feul qui n'en ait davantage. Une Huître, par exemple, en a tout au moins trois, favoir, outre l'attouchement & le goût, l'odorat, fans lequel on ne fauroit comprendre, comment l'une pourroit découvrir l'autre pour s'accoupler. Au refte je ne contefterai point qu'il ne puiffe y avoir plus de fortes de fenfations que les Hommes n'en poffèdent, & que les Créatures qui vivent dans les autres Globes de l'Univers n'aient peut-être d'autres fens. Mais

qu'il

qu'il y ait des Créatures douées de
fens à l'infini, c'eſt une opinion que
j'abandonne de bon cœur à l'Auteur. Pour moi je tiendrois une telle Créature pour fort malheureuſe,
& je la croirois du moins diſpoſée à
faire uſage de ſon entendement. Mais
comme cette diſcuſſion n'intéreſſe
point le fond de la diſpute, je ne
m'y arrêterai pas davantage.

(YY) Ce que nous appellons une
Ame diſtincte du Corps, l'Auteur le
nomme ici un Etre inconnu, que
nous avons inventé pour affirmer quelque choſe ſur un ſujet auquel nous
ne comprenons rien. Mais je voudrois
bien ſavoir dans quel ſens l'Auteur
qualifie l'Ame un Etre inconnu? S'il
le fait, parce que les yeux ne la découvrent point, & qu'on ne ſauroit
comprendre comment elle penſe, je
dirai avec le même droit, que la pré-
tendue Matière penſante de l'Auteur
eſt auſſi un Etre parfaitement inconnu. Si cette dénomination vient de
ce que l'on ne connoit l'Ame, ni en
elle-même, ni par ſes opérations, je
nie que l'Ame ſoit un Etre inconnu.
Au moins pouvons-nous nous vanter
que

que l'Ame nous eft tout auffi connue
que la Matière penfante à l'Auteur.
Au refte nous nions auffi abfolument,
qu'il fe foit paffé bien du tems avant
que les Hommes aient cru l'exiftence
d'une Ame diftinête du Corps , &
éternellement vivante. L'Auteur le
dit hardiment, mais il ne fe met pas
en peine de le prouver. Il ne fauroit
produire de plus anciens mémoires
des prémiers tems, que ceux de *Moïfe*.
Or cet Ecrivain fuffit pour le convaincre aifément , qu'il nous repait
ici d'une opinion tout-à-fait fauffe.

(ZZ) Cela a lieu encore aujour-
d'hui ; & j'ai auffi lié l'idée de la Vie
à celle de l'Ame, §§. xx, xxi & xxix.
Mais cela ne fait rien au fujet en queftion. Les Bêtes participent à la vie
tout comme nous. Mais la différence qu'il y a, c'eft que la vie des Bêtes ne s'étend qu'aux repréfentations
& aux appétits fenfibles ; au-lieu que
notre vie eft fufceptible de moralité,
& doit être réglée fur les principes du
Bon-Sens.

(AAA) Ci-deffus (*Remarque* OO)
c'étoit la Politique des *Egyptiens*, qui
avoit inventé la doêtrine de l'Ame ; à
pré-

préfent c'eft l'ouvrage de notre orgueil. L'Auteur femble regarder comme un grand acte d'humilité, de mettre la Nature Humaine dans la même claffe que celle d'un Chien.

(B B B) Je n'entens pas bien ce que l'Auteur veut dire ici. Pour moi j'attribue aux Bêtes, tout comme aux Hommes, une ame diftincte du corps, avec cette différence feulement, que le pouvoir effentiel de l'ame des Bêtes ne s'étend pas fi loin, & ne fauroit produire l'efpèce d'idées néceffaires pour penfer raifonnablement.

(C C C) Ce n'eft pas-là proprement la queftion, il s'agit de favoir, fi la force de penfer & de fe connoître peut convenir à la Matière. On peut bien former cette demande fans orgueil.

(D D D) Mr. *de Voltaire* a pu apprendre préfentement à l'Auteur, ce que c'eft que l'Efpace & la Lumière. Ainfi il eft déjà obligé en quelque manière à nous découvrir fes idées fur la faculté d'appercevoir & de fentir. S'il ne faloit pour achever de l'y engager, que lui dire ce que c'eft que le Mouvement, le Feu, les Corps

&

& le Tems, il ne feroit pas impoffible de le fatisfaire. Mais quand nous
n'aurions pas une idée bien diftinête
de toutes ces chofes, nous favons au
moins certainement que le Feu n'eft
pas le Tems, ni le Tems l'Efpace, ni
l'Efpace la Lumière, &c. Par conféquent nous favons auffi que chacune
de ces chofes a fa nature particulière.
C'en eft affez pour reconnoître que
les ames des Bêtes font d'une efpèce
& d'une nature différente de celle des
Hommes, comme nous le découvrent
leurs diverfes opérations. Mais il n'eft
pas abfolument néceffaire pour cet effet, que nous puiffions exprimer en
quoi confifte proprement la force de
penfer.

(E E E) Ceci eft merveilleux. L'Auteur ne veut point reconnoître d'ame
particulière , pour n'être pas obligé
d'attribuer à des caufes inconnues ce
qu'il peut attribuer à une caufe connue. Et cependant la Matière, entant qu'elle penfe, lui eft tout auffi
inconnue , puifqu'il ne fauroit nous
dire quelle eft fa conftitution propre,
& ce qui la diftingue du refte de la
Ma-

Matière qui ne possède pas la faculté
de penser.

(FFF) Il ne s'agit pas de ce que
l'Auteur peut dire, mais de ce qu'il
est en droit de dire.

(GGG) L'Auteur peut-il donc se
faire une idée de la Matière, entant que
penfante? S'il ne le fauroit, fes propres principes lui défendent de prendre la Matière pour l'Ame, & de lui
attribuer la force de penser. Mais on
n'accordera pas même à l'Auteur,
qu'il soit impoffible de se faire l'idée
d'un Esprit; car, quand on parle d'i-
dées, il ne faut pas se borner à celles
de l'Imagination, fans appeller au fecours l'Entendement. On peut comprendre par l'Entendement bien des
chofes, que l'Imagination ne sauroit
repréfenter. Si l'Auteur n'a pas honte de recevoir des inftructions de Mr.
de Voltaire, je le renverrai au paffage
de ce célèbre Auteur, que j'ai allégué §. CVII. de mes *Réflexions Philofophiques*. Il trouvera auffi §. LXIII. un
exemple bien marqué de la grande différence qu'il y a entre la force de l'I-
magination & celle de l'Entendement.
Je ne fçaurois prendre l'Auteur pour
Spi-

Spinofifte, parce qu'il parle immédiatement après de Dieu & de fa toute-
puiffance, avec des expreffions qu'un
Spinofifte ne pourroit employer. Car
il nous dit que ce feroit nier la toute-puiffance de Dieu, que de lui refufer la faculté de donner à la Matière le fentiment & la penfée. Le
Spinofifte n'admet d'autre Dieu que la
Matière, & fait de chacune de fes
parties une partie de la Divinité. Par
conféquent il ne fauroit dire que Dieu
donne quelque chofe à la Matière,
fans diftinguer Dieu de la Matière
contre fes principes. N'accufons donc
point l'Auteur de *Spinofifme*, je le
crois obligé de reconnoître l'immatérialité & la fpiritualité de Dieu, puifqu'il eft impoffible qu'un Etre corporel, diftinct du Monde, ait le fouverain degré de perfection qu'on eft
obligé d'attribuer à Dieu. Or fi l'Auteur croit que Dieu eft un Efprit, &
qu'il ne veuille pas avouer qu'il n'a pas
la moindre idée de Dieu, il faut qu'il
fe défifte de la propofition qu'il avance ici. D'ailleurs on peut bien lui accorder, que dans notre état préfent,

où

où l'Imagination fe mêle par-tout,
nous n'avons point d'idée complette
d'un Efprit. Mais n'avoir pas une idée
complette, ou n'en avoir point du
tout, ce font des chofes fort différentes.

(HHH) L'Auteur a déclaré ci-
deffus, qu'il ne parle pas en Théologien, mais en Laïque, & fuivant les
feules idées humaines. Le voici qui
s'oublie, & qui prend tout à coup le
ton d'un Théologien, d'une manière
dont il fe moqueroit fort, fi quelqu'autre s'en fervoit contre lui.

(III) Ce n'eft point-là la véritable
caufe. On convient affurément, qu'on
ne doit pas nier une chofe, par la feule
raifon qu'on ne la comprend pas. Mais
j'ai allégué § §. XXIX & XLV. les raifons que j'ai de croire que la Matière ne penfe pas, & l'objeftion de
l'Auteur s'y trouve réfolue d'avance.

(KKK) Si l'Auteur vouloit fuivre la vraie méthode de conclure, &
s'y tenir exaftement, il auroit du dire. Vous ne comprenez pas comment
un Etre, ou une Subftance quelle
qu'elle foit, penfe; & je le comprens
auffi peu que vous. Ainfi n'affirmons
                              rien,

rien, ni l'un, ni l'autre, & laiſſons
problématique la queſtion, ſi l'Etre
penſant eſt Eſprit ou Matière. C'eſt
de la ſorte que l'Auteur ſe ſeroit exprimé, s'il n'avoit point voulu faire
de ſaut dans ſes concluſions. Mais
à préſent il avance que l'Etre penſant
eſt réellement matériel, & il ſe fonde ſur ce que ceux qui font de l'Ame
un Eſprit, ne ſauroient comprendre
comment ſe produit la penſée. Son
erreur capitale conſiſte en ce qu'il ne
diſtingue point entre comprendre la
manière dont une choſe ſe fait, &
connoître l'eſſence & l'exiſtence d'une
choſe en elle-même. On comprend
bien, par exemple, que c'eſt en général de la diſpoſition & de la ſtructure particulière d'un Arbre que dépend la production de telle ſorte de
fruits, dont la figure, l'odeur & le
goût ne ſauroit être autre qu'elle eſt;
quoiqu'on ne puiſſe ni comprendre,
ni expliquer, comment tout cela ſe
paſſe en détail, & ſuivant toutes ces
circonſtances. De-même on comprend
bien, & nous l'avons démontré, que
l'Etre penſant ne ſauroit être corporel, mais que ce doit être quelque

O   cho-

chofe de fimple & d'indivifible, quoï-
qu'on ne puiffe pas fe faire une idée
de la manière propre dont cet Etre
penfe.

(L L L) Si quelqu'un prétendoit que
Dieu peut faire d'une Pierre un Ange , & que fa penfée fût , qu'une
Pierre , demeurant une Pierre, fût
en même tems fusceptible des propriétés Angéliques, il tomberoit en
contradiction; & s'il refufoit entièrement à la Matière la force de penfer,
ce feroit à lui à voir comment il s'ac-
commoderoit avec l'Auteur.

(M M M) Nous nous fommes déjà
à peu près expliqués là-deffus §. xLvI.
Nous ajoutons ici cette remarque,
c'eft qu'un Philofophe reconnoit à-
la-vérité, & révère la Toute-puiffance
Divine; mais qu'il n'y a jamais recours
dans l'examen des propriétés & de la
nature des Etres ; & lorfqu'il eft queftion de favoir , fi & comment une chofe
eft poffible. La poffibilité ou l'impoffibilité intrinfèque d'une chofe appartient à l'Entendement Divin ; mais
l'exiftence actuelle d'une chofe poffible
en foi, dépend de la volonté toute-puis-
fante de Dieu. L'Etre qui penfe dans
l'Hom-

l'Homme exifte, & le Philofophe reconnoit fans peine qu'il eft l'ouvrage
de la puiffance de Dieu. Mais quand
on demande, de quelle nature eft cet
Etre penfant, & s'il eft poffible en
foi, que la Penfée foit produite de
la Matière, le Philofophe ne recourt
plus à la toute-puiffance divine, mais
il confidère la nature de la Penfée,
& la conftitution de la Matière, pour
voir s'il fe trouve une vraie contradiction entre ces deux chofes. En ce
cas, la chofe eft abfolument impoffible, & fi elle eft abfolument impoffible, elle ne fauroit jamais être conduite à l'exiftence. C'eft une notion
tout-à-fait erronée de la poffibilité,
que de la faire dépendre de la feule
volonté de Dieu, comme fi une chofe n'étoit rendue poffible que par la
puiffance de Dieu. Si cela étoit, Dieu
n'auroit eu qu'à créer une feule forte
de Créatures, & donner à chacune
de ces Créatures une propriété, laquelle il auroit voulu. De cette manière un feul grain de fable, de quelque manière qu'il foit conftitué, pourroit produire des milliers d'efpèces
d'Arbres, d'Arbuftes, de Fleurs, &

d'Herbages. Mais le Créateur a rangé tous les Etres en certaines claſſes, & les a diſpoſé de façon qu'ils exécutent leurs opérations d'un manière naturelle & conforme à leur conſtitution. Ainſi dans chaque Créature il a eu égard a ſa poſſibilité intrinſèque, & à ce qui pouvoit en réſulter. Si donc l'Auteur n'a d'autre reſſource pour ſa Matière penſante que la toute-puiſſance de Dieu , il donne à connoître par - là , qu'il ne croit pas la Matière naturellement diſpoſée à penſer, & ainſi il eſt obligé de convenir qu'il ne ſauroit défendre ſa propoſition d'une manière Philoſophique.

(NNN) Si l'on pouvoit ſuppoſer cet article, que Dieu a doué effectivement la Matière de la force de penſer, le reſte, ſavoir ſi Dieu peut conſerver à la Matière cette faculté , ne ſouffriroit point de difficulté.

(OOO) C'eſt une mauvaiſe concluſion. Quelques Philoſophes croient l'Eſpace. Donc l'Etendue ſubſiſte effectivement ſans les Corps. Ce que quelques Philoſophes croient, ne ſauroit paſſer dès-là pour vrai.

(PPP)

(PPP) Les *Chrétiens*, qui font dans cette opinion, n'ont qu'à fe titer d'affaire avec l'Auteur. Cela ne me regarde point.

(QQQ) Puisque l'Auteur avoue que Dieu ne peut pas faire ce qui implique contradiction, il n'a qu'à réfuter les §§. xxxix & xlv. de mes *Réflexions Philofophiques*, où j'ai fait voir qu'il y a contradiction à faire de la Matière un Etre penfant, ou bien il doit fe défifter de fon opinion.

(RRR) Nous favons non feulement cela, mais nous favons encore que les idées qui procèdent de l'Etre penfant en nous, ne font point matière. Car autrement notre tête feroit fi pleine de matière, que nous cefferions bientôt de penfer. Et ainfi nous favons auffi que ce qui produit les idées en nous, ne fauroit être matière; car autrement il feroit poffible que du matériel procédât l'immatériel, & ainfi qu'une chofe en fît naître une autre avec laquelle elle eft en contradiction. Or l'Auteur lui-même reconnoiffant que rien de contradictoire n'eft poffible, il faut

O 3   qu'il

qu'il accorde en même tems que la Matière ne sauroit penser.

(SSS) La Religion conduit à l'idée des récompenses & des peines après la mort. Si donc un Philosophe enseigne, comme le fait l'Auteur, que l'immortalité de l'Ame est une pure invention, comment l'Auteur peut-il avancer que cela ne fait aucun tort à la Religion?

(TTT) L'Auteur croit-il donc que la Bible enseigne ici quelque chose, qui ne puisse s'accorder avec les vrais principes de la Philosophie? S'il avoit proposé son doute plus distinctement, il auroit été aisé de lui répondre. Il est vrai qu'à présent la Lumière vient du Soleil, il est aussi vrai que l'Ecriture rapporte qu'il y a eu une Lumière créée, avant que les rayons du Soleil parussent. Car le même *Globe*, dont la matière par son mouvement rapide a donné dès le commencement une sorte de lumière, fut parfaitement allumé le quatriéme jour de la Création, & forma ce Soleil qui nous fournit présentement la lumière. Lorsqu'ailleurs la Bible dit, que le Soleil s'est arrêté, elle n'enseigne

ſeigne point par-là que le Soleil déꞓ
crive un cercle autour de la Terre &
des Planètes; mais il peut s'être arrêté, comme on dit de la roue d'une
Montre qu'elle s'arrête lorsqu'elle
ceſſe de tourner ſur ſon axe.

(UUU) L'Auteur ne ſauroit tirer
non plus aucune contradiction d'ici.
Car l'Ecriture Sainte dit bien que
l'Arc-en-ciel a été donné de Dieu
pour ſigne depuis le Déluge, mais
non qu'il ait ſeulement commencé
d'exiſter alors.

(XXX) Je voudrois bien ſavoir,
quelles ſont les vérités connues, &
démontrées par la Nature, qui combattent le myſtère de la Trinité,
puisqu'il n'enſeigne point que dans
l'Eſſence Divine il y ait un & trois
au même égard. L'Eſſence Divine
eſt une dans un ſens, & dans un autre ſens on lui attribue trois perſonnes. Quant à l'Euchariſtie, je me
ſuis déjà expliqué là-deſſus dans la
Remarque (GGG). En un mot, les
choſes qui ſont du reſſort de la Raï-
ſon & les Vérités de Foi ſont bien
différentes, mais elles ne ſont pas en
contradiction.

(YYY)

(YYY) C'eſt aux Théologiens de l'Egliſe *Romaine* à répondre à cette objeĉion, & a ſauver l'infaillibilité du Pape dans cette occaſion. Le Pape *Zacharie*, qui condamna comme *hérétique* la notion des *Antipodes*, s'en eſt ſans doute fié là-deſſus à *St. Auguſtin* & à *Laĉance*; mais en cela il a donné une preuve que les Papes, de-même que les anciens Pères de l'Egliſe, peuvent errer.

(ZZZ) C'eſt donner à entendre que la Religion n'eſt faite que pour le commun Peuple. Au reſte il eſt certain que ſi les Philoſophes n'avoient jamais avancé que des opinions fondées ſur la Nature, ils n'auroient fait aucun tort à la vraie Religion. Mais quand ils ſoutiennent que l'Ame eſt matérielle, ils donnent lieu par-là de conjeĉurer, que l'Ame eſt déſtruite, & périt par la mort. Si notre Auteur en doute, Mr. *de Voltaire* le lui apprendra. Voici comme ce Poëte conclut ſon Epitre à Mr. *de Genonville* *.

Pour

* **T. IV.** p. *69*.

Pour comble de malheur je fens de
  ma penfée
    Se déranger les refforts;
Mon efprit m'abandonne, & mon ame
  éclipfée,
Perd en moi de fon être, & meurt a-
  vant mon corps.
Eft-ce-là ce rayon de l'Effence fuprême,
    Qu'on nous peint fi lumineux?
Eft ce-là cet efprit furvivant à nous-
  même?
Il nait avec nos fens, croit, s'affoiblit
  comme eux.
    Hélas! périroit-il de-même?

(AAAA) On accorde volontiers la
plupart de toutes ces chofes. Mais
fi l'Auteur, comme la fuite de fon
raifonnement femble l'infinuer, prê-
tend par-là que quand un Philofophe
avanceroit quelque fentiment contraire aux doctrines de la Religion, le
Vulgaire n'en auroit pas connoiffance, il eft aifé de faire voir le contraire. L'expérience prouve que bien des
gens du commun regardent auffi-bien
que l'Auteur, l'Immortalité de l'Ame
comme une invention humaine, &
croient que leur Ame eft matérielle
de-même que leur Corps, quoiqu'ils
n'aient de leur vie entendu parler de

O 5   notre

notre Auteur, ni de *Locke.* D'où cela vient-il? Le Philofophe dit à l'oreille d'un Grand-Seigneur fes idées particulières, & contraires à la Religion. Ce Seigneur les redit à fes Amis. Bientôt elles fe répandent jufqu'aux Domeftiques, qui, pour paroître gens d'efprit, en font parade, & les communiquent à d'autres. A la fin le Vulgaire en eft inftruit. Et comme parmi ces fortes de gens il y en a bon nombre qui aiment à paffer pour raifonnables, & dont les paffions fourniffent des alimens aux opinions dangereufes, ils les reçoivent avidement. Or quoique la Religion dominante, en pourfuivant ces gens-là par le fer & par le feu, puiffe bien empêcher qu'il y en ait beaucoup qui mettent au jour leurs fentimens particuliers, cependant la vraie Religion ne s'accommode pas de fimples dehors & d'hypocrifie.

(BBBB) Il convient que les Théologiens peuvent tirer d'ici une leçon fort falutaire.

(CCCC) On entend bien ce langage, quand il fort de la bouche d'un Homme qui habite des Contrées où

le

le Clergé peut difpofer à fon gré du Bras Séculier. On peut aifément diffimuler fes opinions , pour éviter les dangers extérieurs. Mais ſi la Vérité y trouve fon compte, c'eſt une autre queſtion.

F I N.

SOMMAIRES
DES
PARAGRAPHES.

Ce

DES PARAGRAPHES.

Cela

SOMMAIRES

SOMMAIRES

SOMMAIRES

                                         Extrait

F I N.

CPSIA information can be obtained at www.ICGtesting.com
Printed in the USA
BVOW021011121211

278158BV00013B/239/A